ALLES ÜBER DAS FLIEGEN

Text von Bill Gunston

Illustrationen von Ian Howatson und Sebastian Quigley

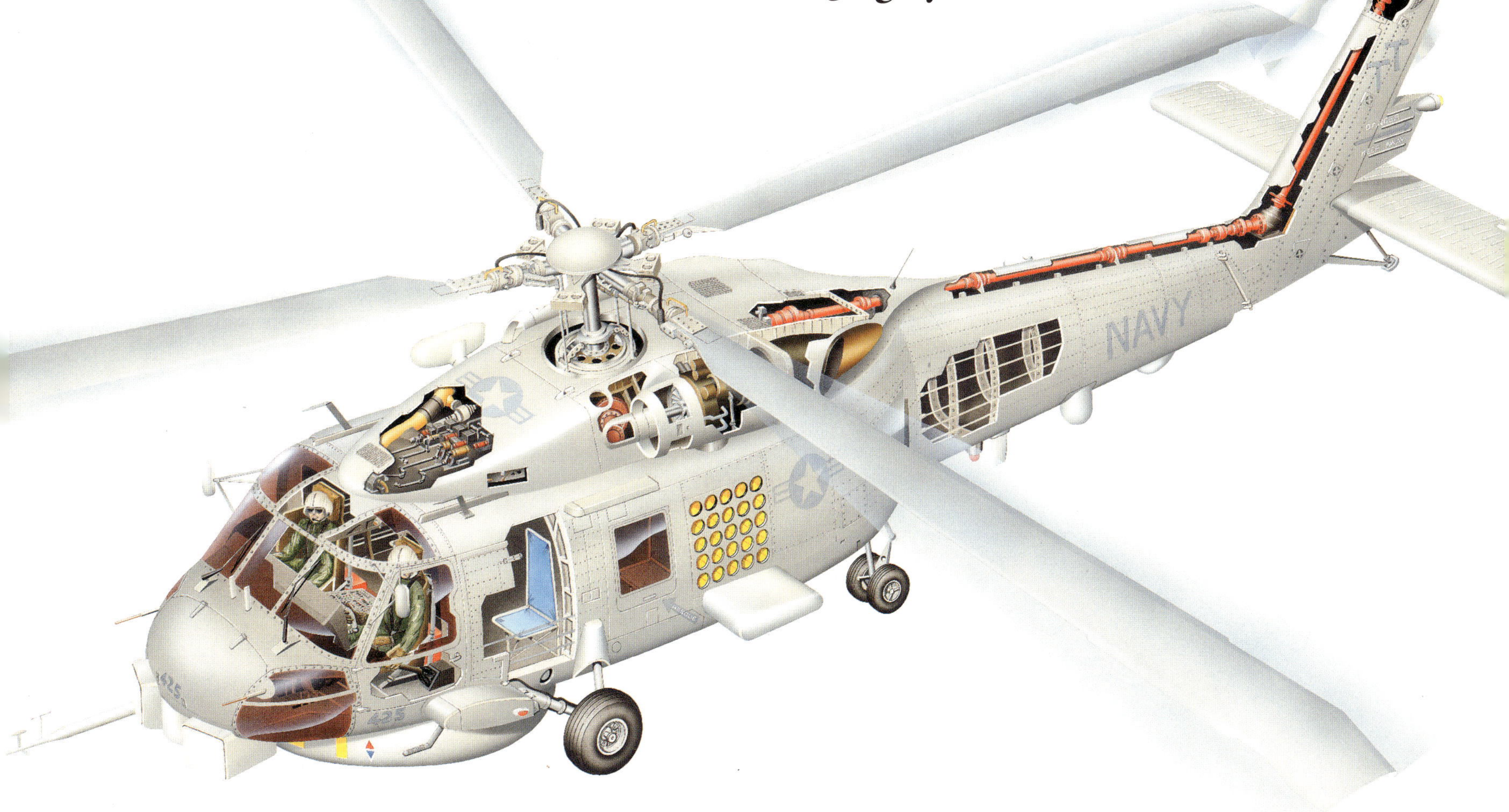

Printed in Slovenia 2009

ISBN 978–3–86706–103–2

www.premio-verlag.de

INHALT

Ballons

Vor über 200 Jahren, 1783, entdeckten die beiden Franzosen Joseph und Etienne Montgolfier, dass heiße Luft hochsteigt, weil sie eine geringere Dichte als kalte Luft hat. Die heiße, weniger dichte Luft in einem Heißluftballon macht den Ballon leichter. Die kühlere, dichtere Luft um ihn herum lässt so den Ballon aufsteigen. Heißluftballon-Flüge sind sehr beliebt. Die Passagiere stehen dabei in unten angehängten Gondeln. Mit zur Ausrüstung gehörten verflüssigtes Propangas und ein Brenner, mit dessen langer Flamme man die Luft im Balloninnern aufheizen kann. Vom Wind wird der Ballon dann vorwärtsgetrieben. Die Luft im Ballon muss immer wieder aufgeheizt werden, da sie sonst wieder kalt wird und der Ballon auf die Erde zurücksinken würde.

Rost

Wenn der Pilot einen Regler betätigt, strömt das Gas in den Brenner und erzeugt dort eine große Flamme.

Montgolfier
1783 trug der Ballon der Brüder Montgolfier *(oben)* die ersten Menschen in einem Luftfahrzeug. Unten war an Seilen ein Korb angehängt, und darunter war mit Ketten ein Rost befestigt. Den Brüdern war zuerst noch nicht klar, dass der Ballon aufgrund der Heißluft aufstieg; sie dachten, sie hätten ein neues Gas entdeckt.

Wasserstoff-Ballon
Auf dem Bild links ist einer der ersten Ballons zu sehen. Anstelle mit Heißluft ist er mit dem sehr leichten Wasserstoff gefüllt. Wasserstoff ist das leichteste Gas, sodass es ein rasches Aufsteigen ermöglicht. Im Gegensatz zum Heißluftballon ist hier kein Brenner nötig. Vor über 200 Jahren benutzte man solche Wasserstoffballons.

Der Korb besteht aus einem stabilen Flechtwerk.

An diesen Griffen wird der Ballon kurz vor dem Start und nach der Landung festgehalten.

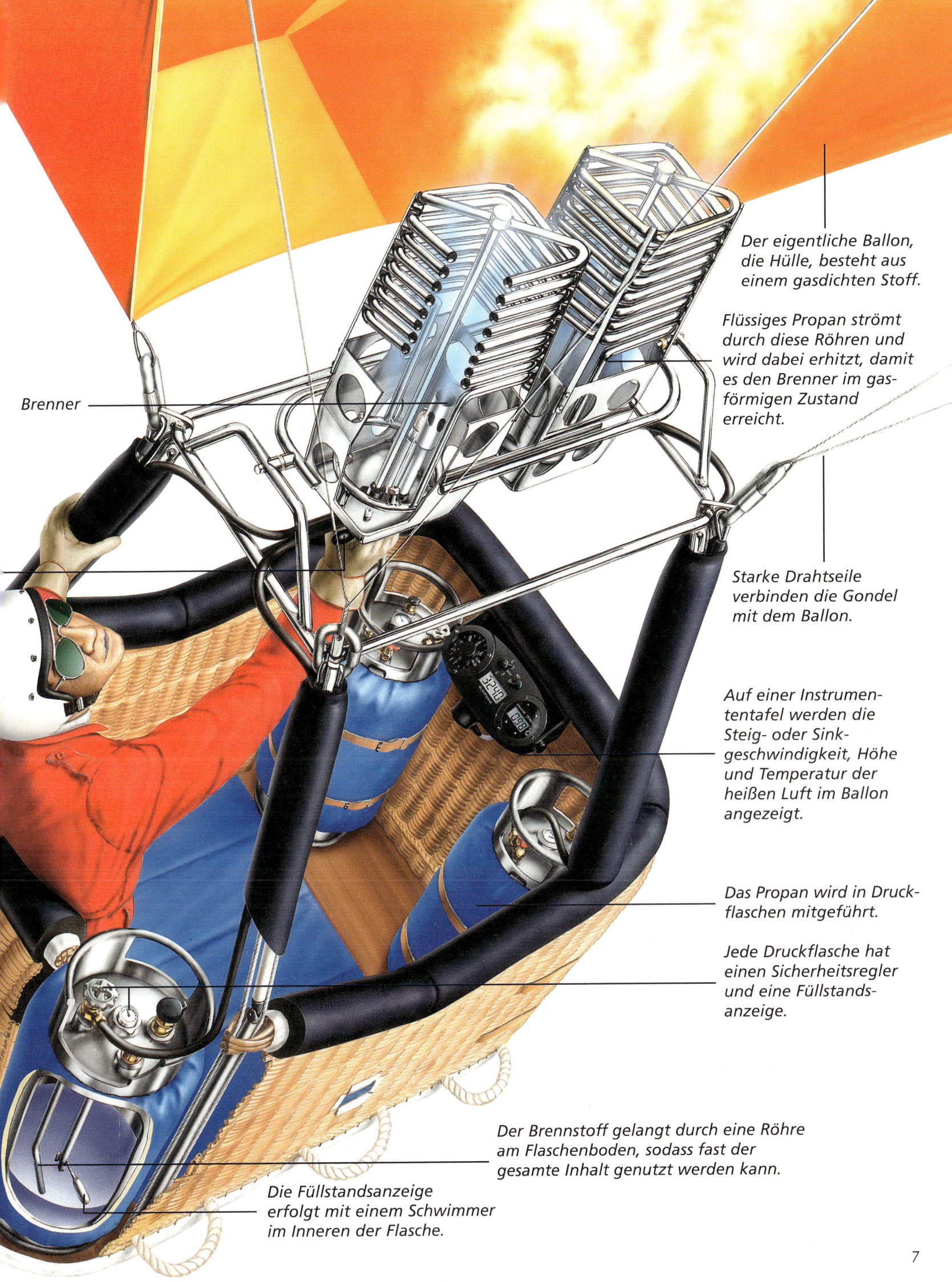

Der eigentliche Ballon, die Hülle, besteht aus einem gasdichten Stoff.

Flüssiges Propan strömt durch diese Röhren und wird dabei erhitzt, damit es den Brenner im gasförmigen Zustand erreicht.

Brenner

Starke Drahtseile verbinden die Gondel mit dem Ballon.

Auf einer Instrumententafel werden die Steig- oder Sinkgeschwindigkeit, Höhe und Temperatur der heißen Luft im Ballon angezeigt.

Das Propan wird in Druckflaschen mitgeführt.

Jede Druckflasche hat einen Sicherheitsregler und eine Füllstandsanzeige.

Der Brennstoff gelangt durch eine Röhre am Flaschenboden, sodass fast der gesamte Inhalt genutzt werden kann.

Die Füllstandsanzeige erfolgt mit einem Schwimmer im Inneren der Flasche.

7

Luftschiffe

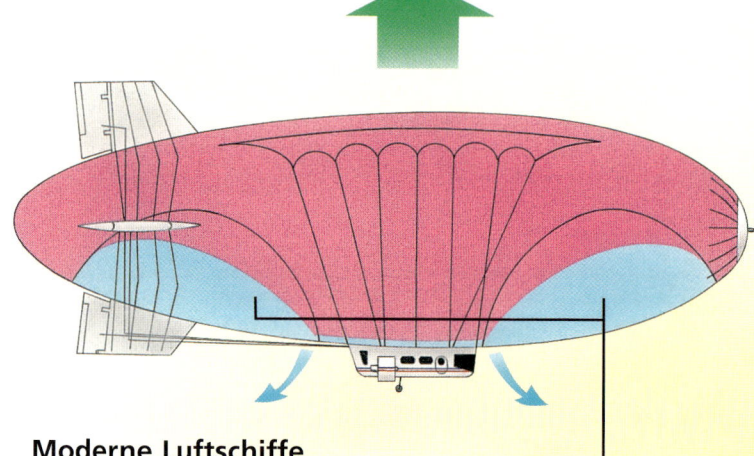

Ballons fliegen dahin, wohin der Wind sie treibt. Um in eine bestimmte Richtung fliegen zu können, hat man das Luftschiff erfunden. Die ersten Luftschiffe besaßen eine Hülle über einem stabilen Rahmen, die mehrere Gasbehälter enthielt. Heute haben Luftschiffe keinen Rahmen mehr, sondern bestehen aus einem flexiblen Kunststoff, wie ein Ballon. Sie sind mit Helium gefüllt, einem Gas, das weniger dicht und somit leichter als Luft ist. Die Gondel bzw. Kabine eines modernen Luftschiffs (rechts) trägt zwei Kolbenmotoren, die in speziellen Rohren liegende Propeller antreiben. Diese Rohre können gedreht werden, sodass das Luftschiff vorwärts, aufwärts und abwärts fliegen kann.

Moderne Luftschiffe
Sie sind im Wesentlichen mit Helium gefüllt, einem sehr leichten Gas. Zwei große Kammern, die sog. Luftsäcke, enthalten Luft. Wenn das Luftschiff steigen oder sinken soll, wird Luft abgelassen (oben) oder hineingepumpt (oben rechts).

An beiden Enden des Luftschiffs befinden sich die Luftsäcke.

Diese Klappen steuern den Luftstrom zum hinteren Luftsack.

Ein frühes Luftschiff
In 1852 konstruierte der Franzose Henri Giffard das erste Luftschiff (unten). Die Hülle war länglich und lief im Gegensatz zu Ballons spitz zu. Darunter hing ein Behälter mit einem Sitzplatz und einer Dampfmaschine, die einen Propeller antrieb. Die ersten Luftschiffe hatten so schwache Antriebe, dass sie nur an windstillen Tagen fliegen konnten.

Eine Seilkonstruktion trägt die Gondel dieses modernen Luftschiffs.

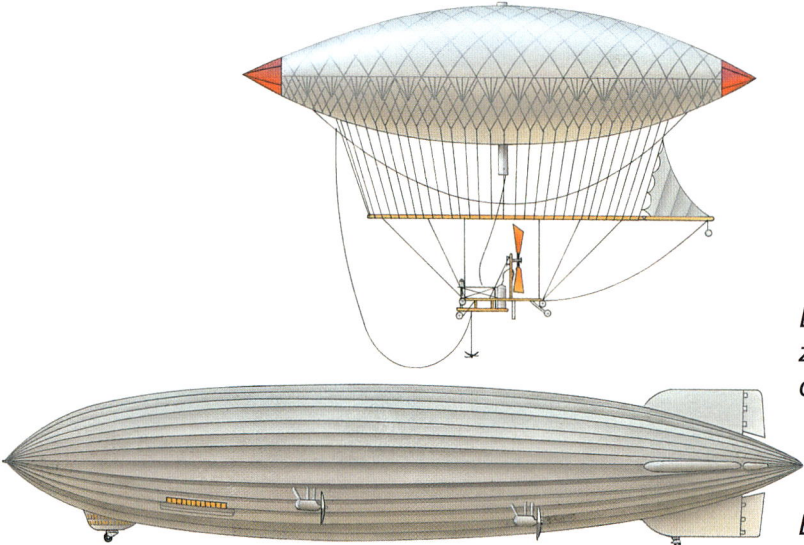

Durch diese Röhre gelangt Luft zum hinteren Luftsack, mittels deren das Schiff manövriert.

Eingang zum Maschinenraum

Die Hindenburg (LZ 129)
Das größte Luftschiff, die Hindenburg, wurde 1935 gebaut (oben). Sie besaß einen festen Rahmen und verfügte über 25 Doppelkabinen für die Passagiere. 1937 explodierte das mit Wasserstoff gefüllte Luftschiff.

Mit diesem Seilzug kann der Pilot die Ruder verstellen und so das Luftschiff lenken.

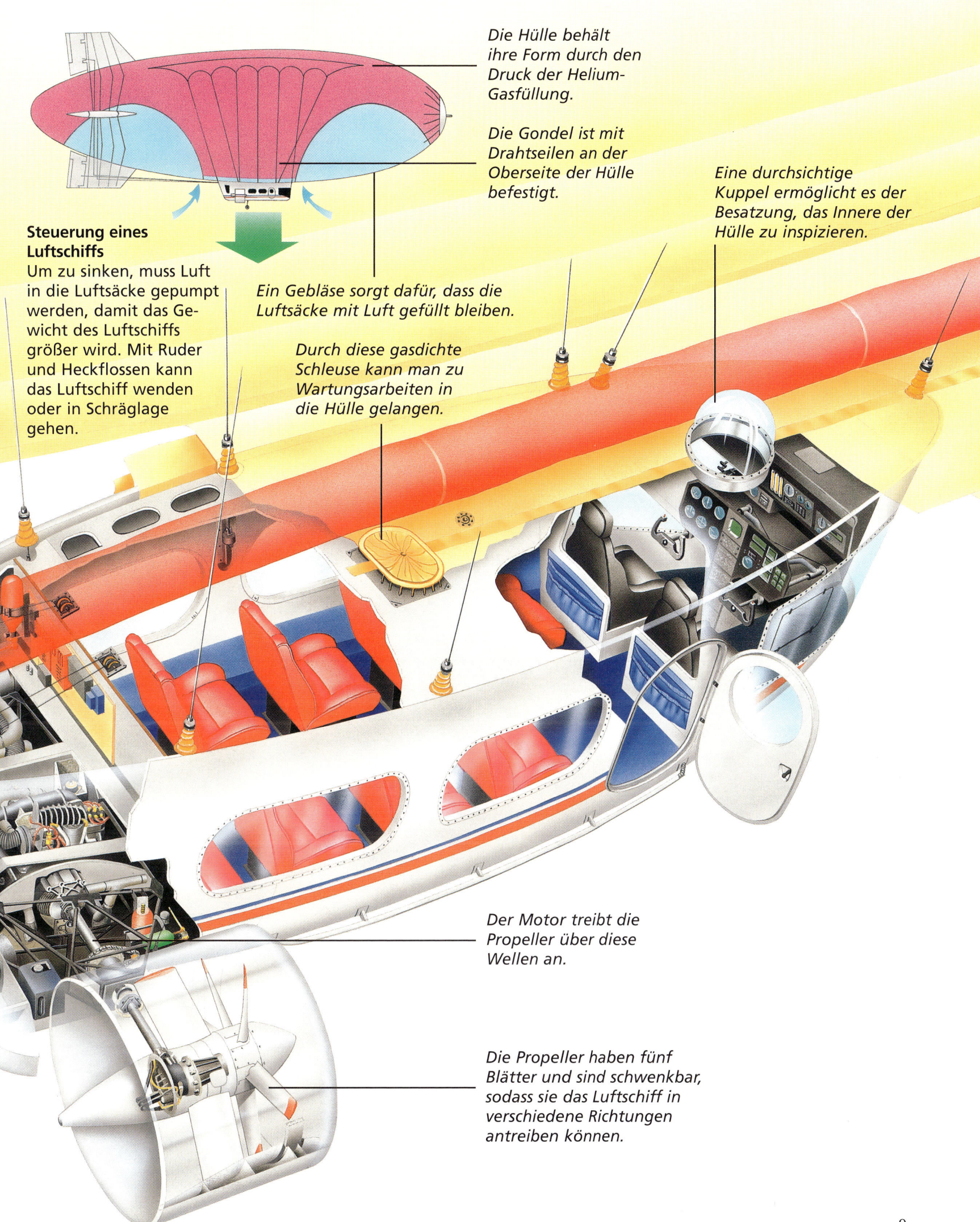

Die Hülle behält ihre Form durch den Druck der Helium-Gasfüllung.

Die Gondel ist mit Drahtseilen an der Oberseite der Hülle befestigt.

Eine durchsichtige Kuppel ermöglicht es der Besatzung, das Innere der Hülle zu inspizieren.

Steuerung eines Luftschiffs
Um zu sinken, muss Luft in die Luftsäcke gepumpt werden, damit das Gewicht des Luftschiffs größer wird. Mit Ruder und Heckflossen kann das Luftschiff wenden oder in Schräglage gehen.

Ein Gebläse sorgt dafür, dass die Luftsäcke mit Luft gefüllt bleiben.

Durch diese gasdichte Schleuse kann man zu Wartungsarbeiten in die Hülle gelangen.

Der Motor treibt die Propeller über diese Wellen an.

Die Propeller haben fünf Blätter und sind schwenkbar, sodass sie das Luftschiff in verschiedene Richtungen antreiben können.

9

Das erste Flugzeug

Das erste erfolgreiche Flugzeug, die *Flyer*, wurde von den amerikanischen Brüdern Wilbur und Orville Wright konstruiert. Zunächst flogen sie mit Segelflugzeugen; es waren Doppeldecker mit zwei Flügelpaaren. Dann fügten sie vorn ein horizontales Leitwerk hinzu, das als Höhenruder zum Auf- und Absteigen diente. Zwei Ruder in dem senkrechten Leitwerk lenkten die *Flyer*. Um die Flügel gerade zu halten bzw. zu verdrehen, um das Flugzeug um seine Längsachse zu drehen, wurden an den Flügeln Drähte befestigt. Dann folgte ein 12-PS-Motor, der über Fahrradketten die beiden großen Propeller antrieb. Der Pilot steuerte die *Flyer* mit zwei Griffen und indem er sein Körpergewicht nach links oder rechts verlagerte.

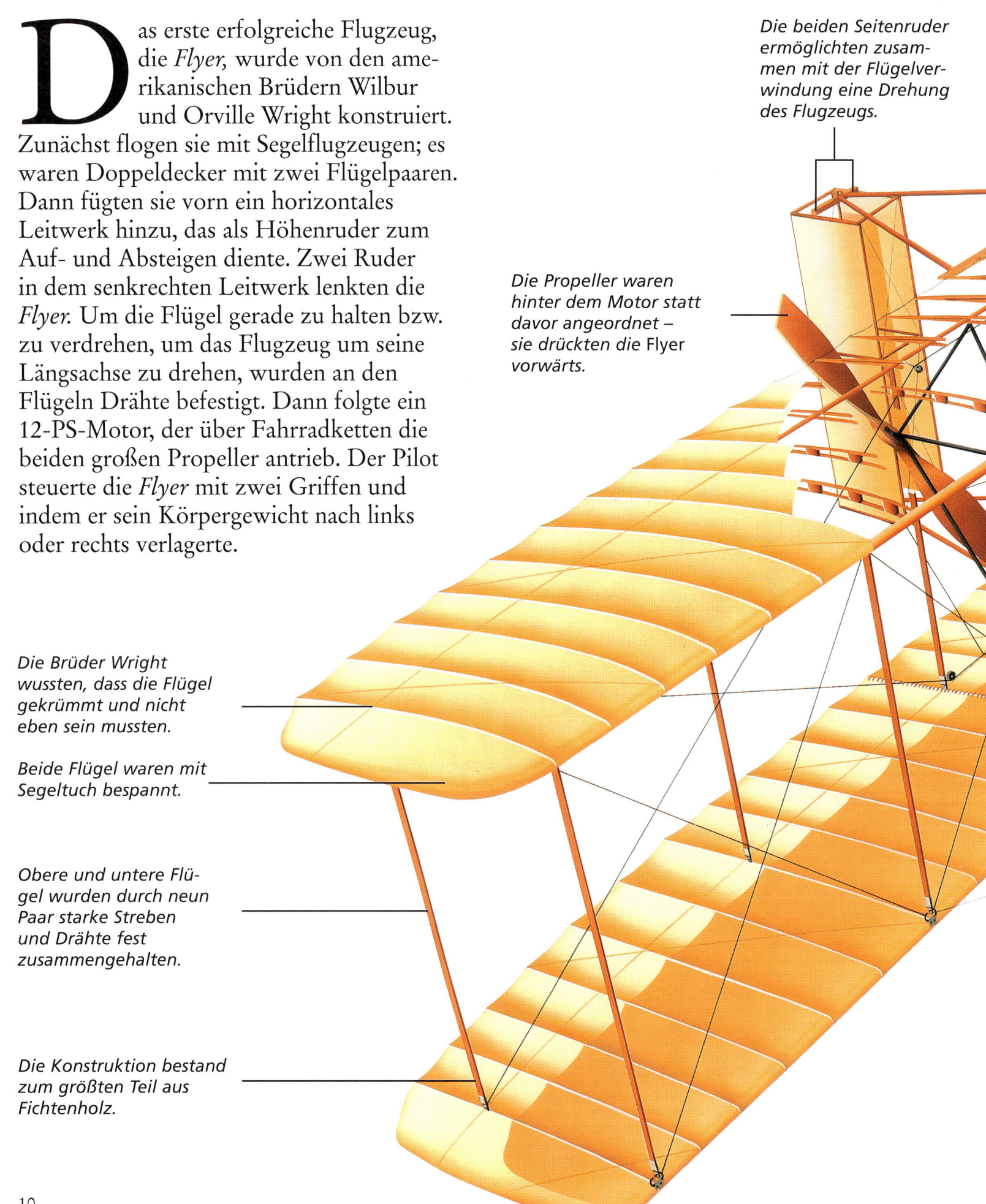

Die beiden Seitenruder ermöglichten zusammen mit der Flügelverwindung eine Drehung des Flugzeugs.

Die Propeller waren hinter dem Motor statt davor angeordnet – sie drückten die Flyer vorwärts.

Die Brüder Wright wussten, dass die Flügel gekrümmt und nicht eben sein mussten.

Beide Flügel waren mit Segeltuch bespannt.

Obere und untere Flügel wurden durch neun Paar starke Streben und Drähte fest zusammengehalten.

Die Konstruktion bestand zum größten Teil aus Fichtenholz.

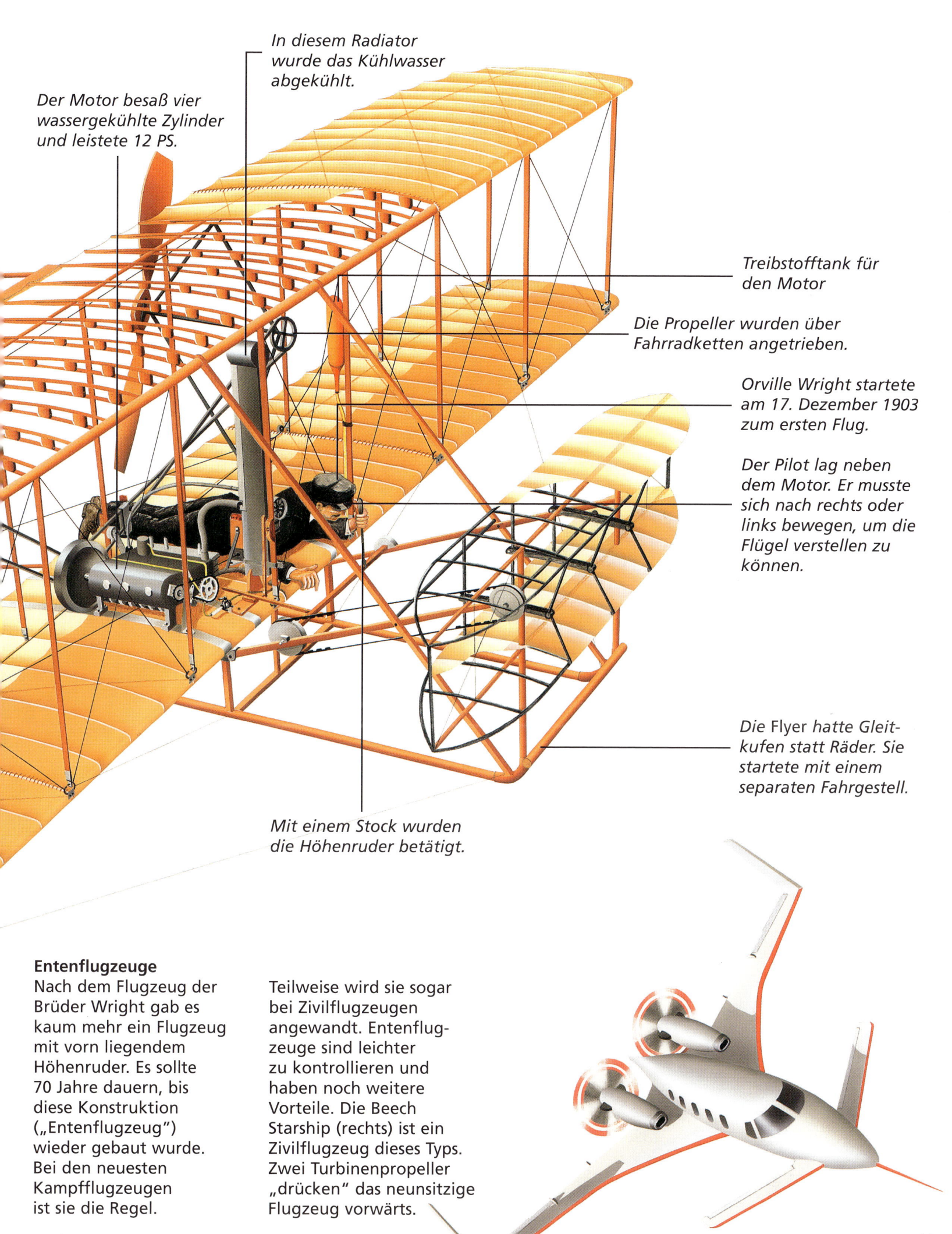

In diesem Radiator wurde das Kühlwasser abgekühlt.

Der Motor besaß vier wassergekühlte Zylinder und leistete 12 PS.

Treibstofftank für den Motor

Die Propeller wurden über Fahrradketten angetrieben.

Orville Wright startete am 17. Dezember 1903 zum ersten Flug.

Der Pilot lag neben dem Motor. Er musste sich nach rechts oder links bewegen, um die Flügel verstellen zu können.

Die Flyer hatte Gleitkufen statt Räder. Sie startete mit einem separaten Fahrgestell.

Mit einem Stock wurden die Höhenruder betätigt.

Entenflugzeuge

Nach dem Flugzeug der Brüder Wright gab es kaum mehr ein Flugzeug mit vorn liegendem Höhenruder. Es sollte 70 Jahre dauern, bis diese Konstruktion („Entenflugzeug") wieder gebaut wurde. Bei den neuesten Kampfflugzeugen ist sie die Regel.

Teilweise wird sie sogar bei Zivilflugzeugen angewandt. Entenflugzeuge sind leichter zu kontrollieren und haben noch weitere Vorteile. Die Beech Starship (rechts) ist ein Zivilflugzeug dieses Typs. Zwei Turbinenpropeller „drücken" das neunsitzige Flugzeug vorwärts.

Frühe Flugzeuge

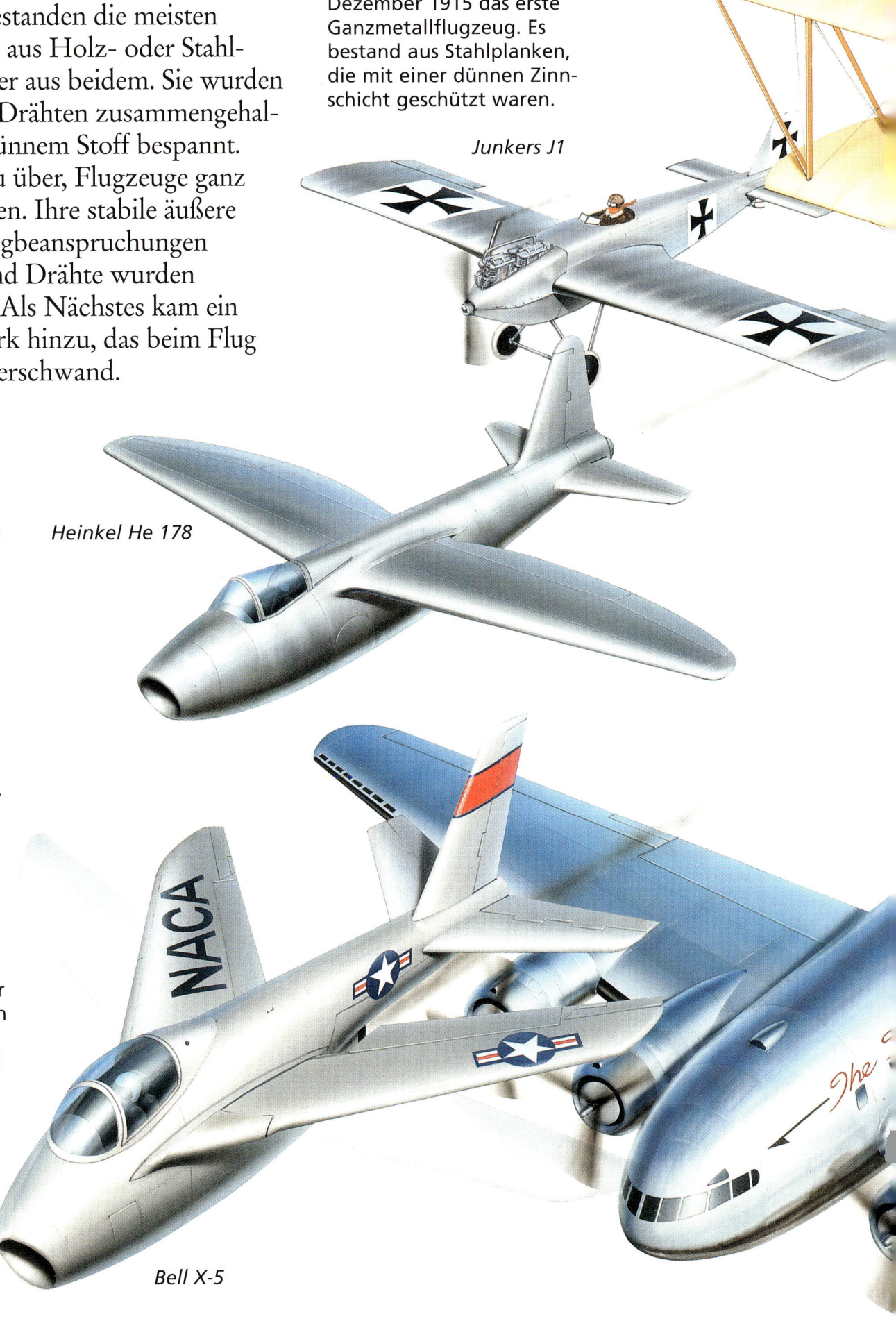

Vor 1930 bestanden die meisten Flugzeuge aus Holz- oder Stahlröhren oder aus beidem. Sie wurden meist mit Drähten zusammengehalten und waren mit dünnem Stoff bespannt. Später ging man dazu über, Flugzeuge ganz aus Metall herzustellen. Ihre stabile äußere Hülle konnte die Flugbeanspruchungen aushalten. Streben und Drähte wurden dadurch überflüssig. Als Nächstes kam ein einziehbares Fahrwerk hinzu, das beim Flug im Flugzeugrumpf verschwand.

1915 Ganzmetallflugzeug
Abgesehen von einem erfolglosen Flugzeug 1910 war dieser deutsche Eindecker vom Dezember 1915 das erste Ganzmetallflugzeug. Es bestand aus Stahlplanken, die mit einer dünnen Zinnschicht geschützt waren.

Junkers J1

1939 Düsenflugzeug
Die Heinkel He 178, die am 27. August 1939 ihren Jungfernflug hatte, war das erste Düsenflugzeug der Welt. Es wurde von einem Turbojettriebwerk angetrieben, eine Erfindung des Deutschen Hans Joachim Pabst von Ohain. Der Engländer Frank Whittle hatte diese Antriebsart zwar schon sieben Jahre früher erfunden, doch wollte ihm das damals niemand glauben.

Heinkel He 178

1951 Pfeilflügel
Ingenieure fanden heraus, dass ein schneller Jet noch schneller fliegen kann, wenn seine Flügel pfeilförmig sind. Die Bell X-5 war 1951 das erste derartige Flugzeug in Amerika. Seine Flügel konnten während des Flugs zwischen 20° und 60° angestellt werden.

Bell X-5

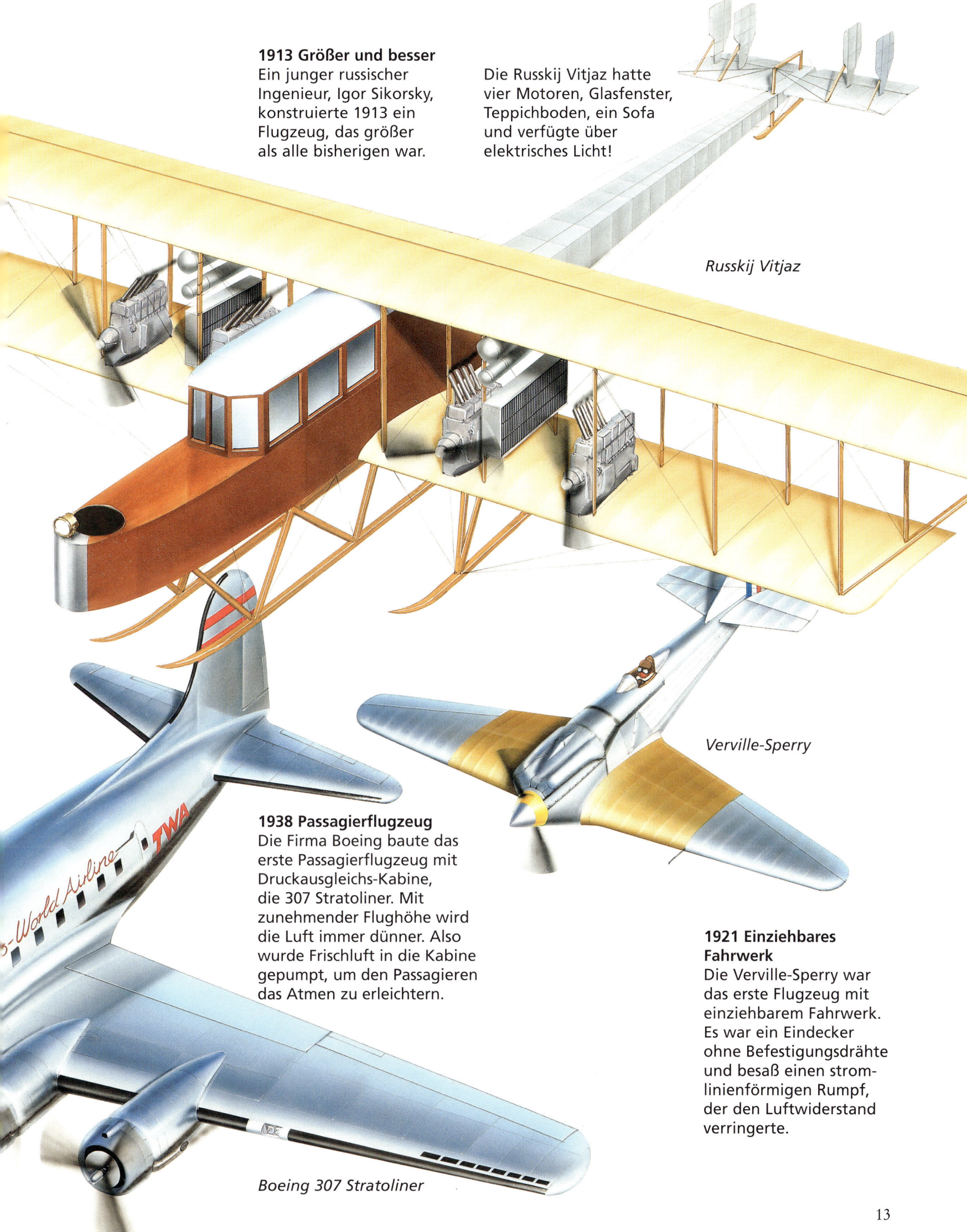

1913 Größer und besser

Ein junger russischer Ingenieur, Igor Sikorsky, konstruierte 1913 ein Flugzeug, das größer als alle bisherigen war.

Die Russkij Vitjaz hatte vier Motoren, Glasfenster, Teppichboden, ein Sofa und verfügte über elektrisches Licht!

Russkij Vitjaz

Verville-Sperry

1938 Passagierflugzeug

Die Firma Boeing baute das erste Passagierflugzeug mit Druckausgleichs-Kabine, die 307 Stratoliner. Mit zunehmender Flughöhe wird die Luft immer dünner. Also wurde Frischluft in die Kabine gepumpt, um den Passagieren das Atmen zu erleichtern.

1921 Einziehbares Fahrwerk

Die Verville-Sperry war das erste Flugzeug mit einziehbarem Fahrwerk. Es war ein Eindecker ohne Befestigungsdrähte und besaß einen stromlinienförmigen Rumpf, der den Luftwiderstand verringerte.

Boeing 307 Stratoliner

13

Wie fliegen Flugzeuge?

Damit ein Flugzeug fliegen kann, benötigt es einen oder mehrere feste Flügel, ein Antriebssystem (Propeller oder Düsentriebwerk) und Steuereinrichtungen. Damit ein Flugzeug nicht von seinem Gewicht zur Erde hinuntergezogen wird, muss eine Kraft dem entgegenwirken. Hierfür muss sich ein Flugzeug in einer schnellen Flugbewegung befinden, und seine Flügel müssen eine ganz bestimmte Form haben (rechts). Der Flugzeugrumpf muss stromlinienförmig sein, sodass die Luft möglichst reibungsarm daran vorbeiströmen kann. Eine andere Form würde der Luft viel Widerstand entgegensetzen und das Flugzeug zu stark bremsen.

Auftrieb

Die nach oben gerichtete Kraft, die durch einen durch die Luft bewegten Flügel erzeugt wird, heißt Auftrieb. Fast der gesamte Auftrieb entsteht durch die Luft, die über die Flügeloberseite strömt. Die Luft über dem Flügel muss viel schneller strömen als die Luft darunter. Durch diese Beschleunigung wird der Luftdruck stark verringert, sodass am Flügel ein Sog nach oben entsteht.

Die Heckflosse wirkt wie die Federn an einem Pfeil – sie hält das Flugzeug auf dem richtigen Kurs.

Die Reibung mit der Luft erzeugt einen Widerstand, der das Flugzeug nach hinten ziehen will.

Ein Gewicht am Flugzeugheck hält das Flugzeug im Gleichgewicht.

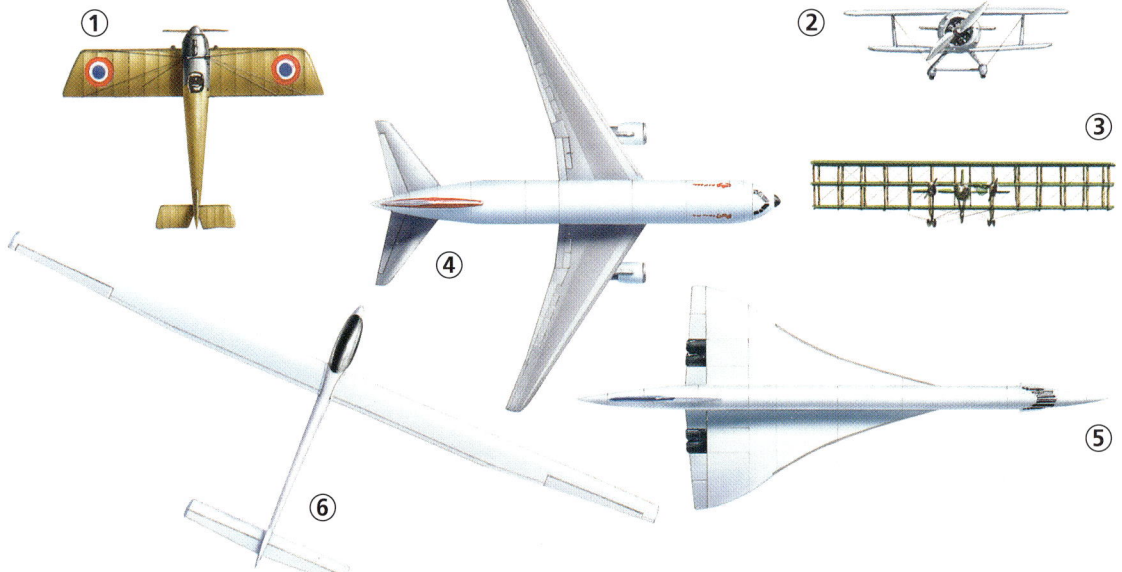

Flugzeugformen

(1) Eindecker-Kampfflugzeug von 1915 mit einem Flügelpaar. (2) Doppeldecker mit zwei Flügelpaaren. (3) Dreidecker mit drei Flügelpaaren – Bomber aus dem Jahr 1915. (4) Modernes Düsenflugzeug mit zwei Triebwerken. (5) Überschallflugzeug Concorde. (6) Segelflugzeug mit langen, schmalen Flügeln, die einen Flug ohne Motorantrieb ermöglichen.

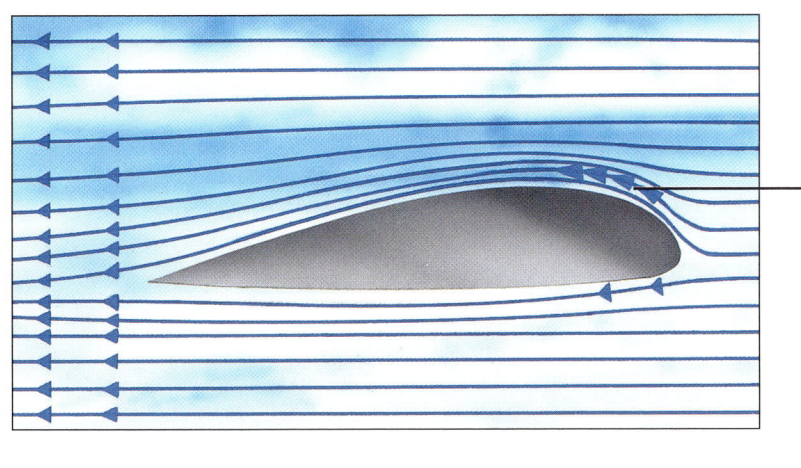

Die Luft, die über den Flügel streicht, hat einen geringeren Druck.

Flügel

Man kann leicht erkennen, wie Flügel von oben aussehen. Genauso wichtig ist aber auch ihr Querschnitt. Er wird Tragflächenprofil genannt.

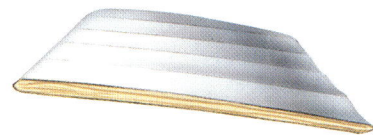

Vor ca. hundert Jahren bestanden die Flügel aus Platten, die in einem bestimmten Winkel angebracht waren.

Die Brüder Wright gaben den Flügeln eine gekrümmte Form.

Bomber im Zweiten Weltkrieg hatten dicke Metallflügel, um bei niedriger Geschwindigkeit abheben zu können.

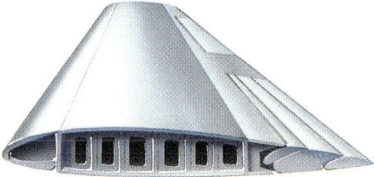

Die ersten Jets hatten dünnere Flügel mit Klappen und Vorflügeln.

Die neuesten Jets haben „superkritische" Flügel, die oben flacher und unten wulstig sind. Das hindert die Luft über dem Flügel daran, zu schnell zu strömen.

Ein schneller Luftstrom über dem Flügel erzeugt den Auftrieb.

Von den Propellern wird das Flugzeug vorwärtsgetrieben.

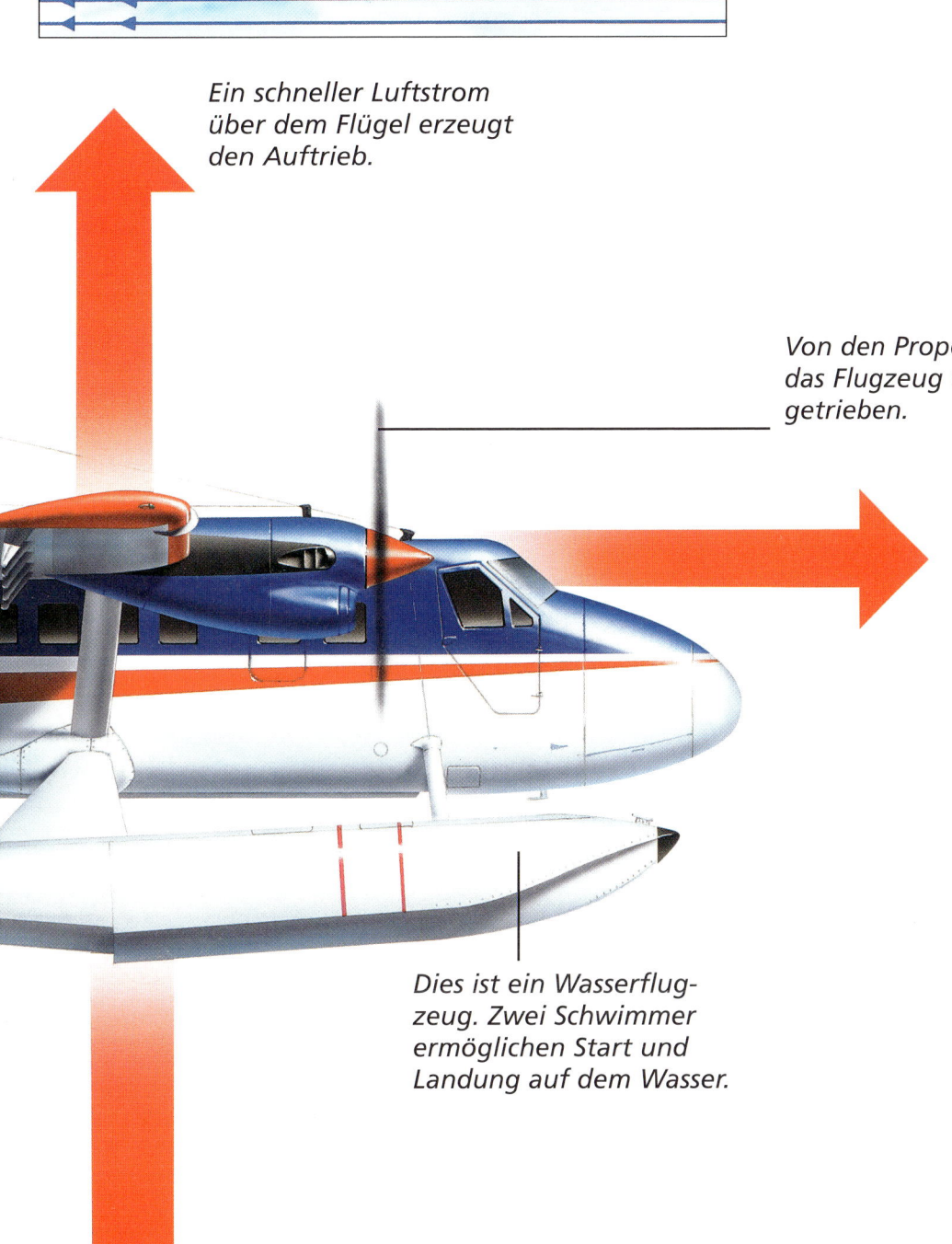

Dies ist ein Wasserflugzeug. Zwei Schwimmer ermöglichen Start und Landung auf dem Wasser.

Ohne den Auftrieb würde das Eigengewicht das Flugzeug zur Erde herunterziehen.

Die Steuerung

I n einer Boeing 747, einem Jumbojet, befinden sich über 5000 Kontroll-einrichtungen. Die Piloten steuern das Flugzeug mit Hilfe der Steuerruder. Vom Cockpit aus betätigt der Pilot diese Ruder durch ein mechanisches System von Drahtzügen, sodass die Hydraulik Druck-, Zug- oder Drehbewegungen ausführt. Ein Flugzeug besitzt Seitenruder (zur Drehung des Flugzeugs um die Hochachse), Höhenruder (zur Drehung um die Querachse) und Querruder (zur Drehung um die Längsachse); weiterhin Spoiler (Bremsklappen) an den Flügeln (zur Bremsung), Vorflügel (für zusätzlichen Auftrieb bei geringer Geschwindigkeit) und Wölbungsklappen (für zusätzlichen Luftwiderstand beim Landen).

Das Cockpit
Die meisten Zivilflugzeuge wie diese Boeing 747 ha-ben ein Cockpit für zwei Piloten *(unten rechts)*. Jeder Pilot überwacht bestimmte Instrumente. Mit dem Steuerrad kann das Flugzeug in Schräglage, Steig- und Sinkflug ge-bracht werden. Die Sei-tenruder werden mit Pedalen betätigt.

Hydraulische Kupplungen, die mit Öl unter hohem Druck betätigt werden, üben auf die Klappen eine riesige Kraft aus.

Das Flugzeug besitzt vier Fahrwerke mit je vier Rädern.

Die Piloten betätigen ein mechanisches System von Drahtzügen, um die Kupplungen und Klappen zu steuern.

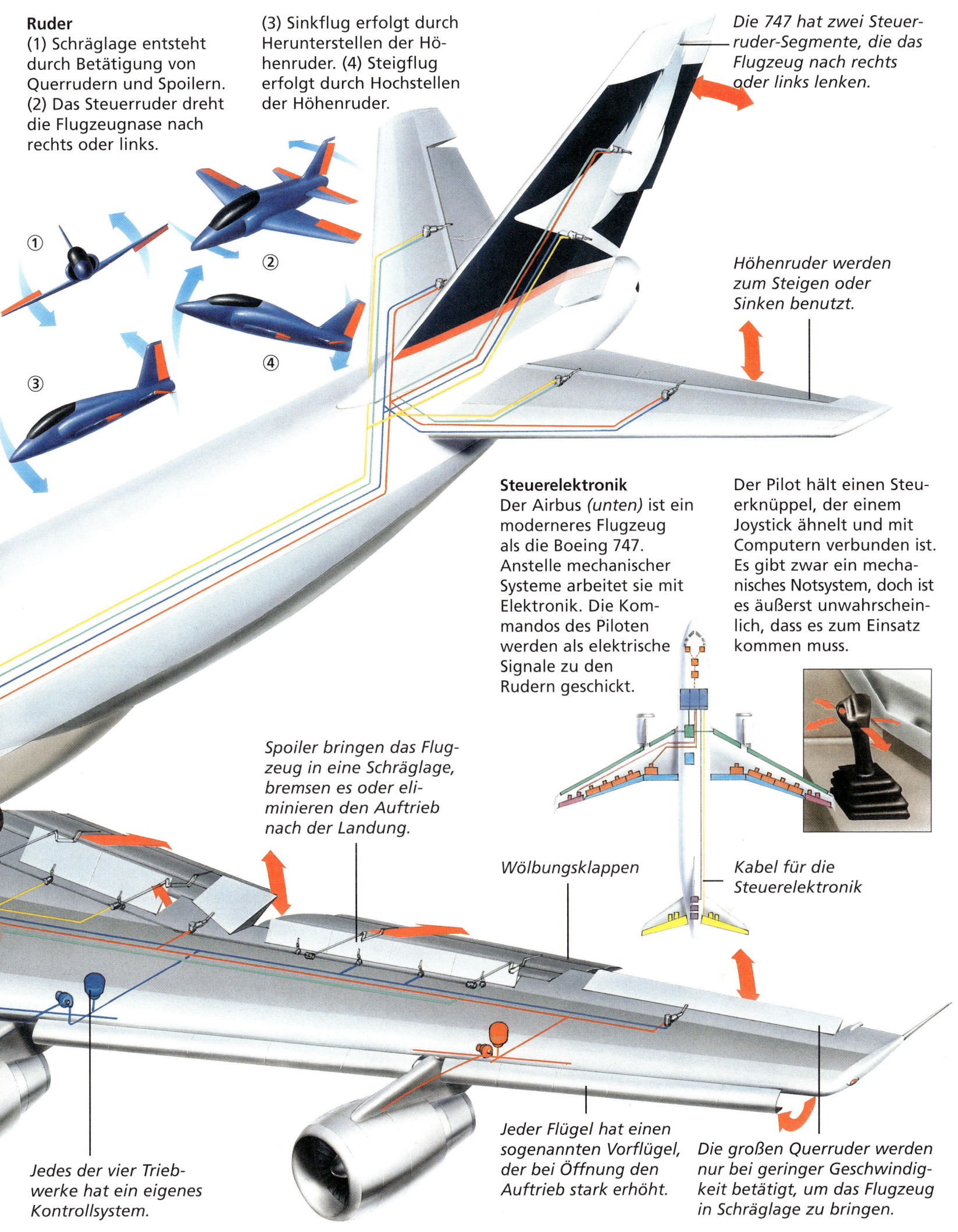

Ruder
(1) Schräglage entsteht durch Betätigung von Querrudern und Spoilern. (2) Das Steuerruder dreht die Flugzeugnase nach rechts oder links.

(3) Sinkflug erfolgt durch Herunterstellen der Höhenruder. (4) Steigflug erfolgt durch Hochstellen der Höhenruder.

① ② ③ ④

Die 747 hat zwei Steuerruder-Segmente, die das Flugzeug nach rechts oder links lenken.

Höhenruder werden zum Steigen oder Sinken benutzt.

Steuerelektronik
Der Airbus *(unten)* ist ein moderneres Flugzeug als die Boeing 747. Anstelle mechanischer Systeme arbeitet sie mit Elektronik. Die Kommandos des Piloten werden als elektrische Signale zu den Rudern geschickt.

Der Pilot hält einen Steuerknüppel, der einem Joystick ähnelt und mit Computern verbunden ist. Es gibt zwar ein mechanisches Notsystem, doch ist es äußerst unwahrscheinlich, dass es zum Einsatz kommen muss.

Spoiler bringen das Flugzeug in eine Schräglage, bremsen es oder eliminieren den Auftrieb nach der Landung.

Wölbungsklappen

Kabel für die Steuerelektronik

Jedes der vier Triebwerke hat ein eigenes Kontrollsystem.

Jeder Flügel hat einen sogenannten Vorflügel, der bei Öffnung den Auftrieb stark erhöht.

Die großen Querruder werden nur bei geringer Geschwindigkeit betätigt, um das Flugzeug in Schräglage zu bringen.

Leitwerke

Der Flügel eines modernen Jets ändert vor und nach dem Start und der Landung jeweils seine Form. Um beim Start einen größeren Auftrieb zu erhalten, fährt der Pilot große Klappen an der Flügelhinterkante aus. Beim Aufsetzen werden sofort die Spoiler hochgeklappt, um den Auftrieb zu verringern und das Flugzeug auf der Landebahn zu halten. Kleine Querruder werden hoch- bzw. heruntergestellt, um das Flugzeug in Schräglage zu bringen. Diese Lage ist nötig, um die Flugrichtung zu ändern. Weiter außen an den Flügeln sind größere Querruder, die nur bei langsamer Geschwindigkeit betätigt werden. An der Vorderkante befinden sich die Vorflügel, die bei geringer Geschwindigkeit den Auftrieb erhöhen.

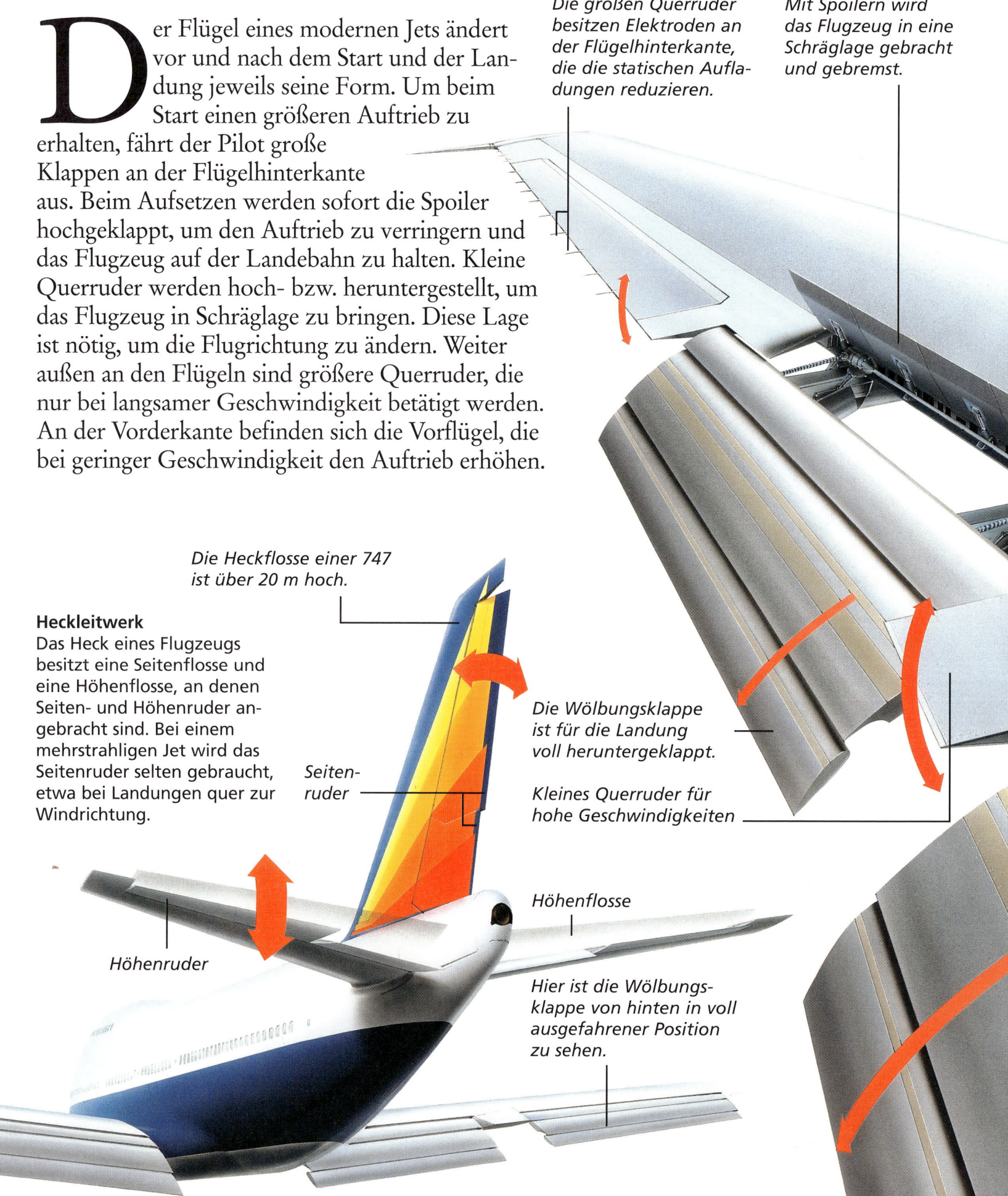

Die großen Querruder besitzen Elektroden an der Flügelhinterkante, die die statischen Aufladungen reduzieren.

Mit Spoilern wird das Flugzeug in eine Schräglage gebracht und gebremst.

Die Heckflosse einer 747 ist über 20 m hoch.

Heckleitwerk
Das Heck eines Flugzeugs besitzt eine Seitenflosse und eine Höhenflosse, an denen Seiten- und Höhenruder angebracht sind. Bei einem mehrstrahligen Jet wird das Seitenruder selten gebraucht, etwa bei Landungen quer zur Windrichtung.

Seiten-ruder

Die Wölbungsklappe ist für die Landung voll heruntergeklappt.

Kleines Querruder für hohe Geschwindigkeiten

Höhenruder

Höhenflosse

Hier ist die Wölbungsklappe von hinten in voll ausgefahrener Position zu sehen.

Klappen und Spoiler

Wenn ein Flügel seine Form ändert, ändert sich die Luftströmung und damit Geschwindigkeit und Richtung. Sind die Wölbungsklappen unten, erhöht sich der Luftwiderstand, und das Flugzeug wird langsamer *(unten links)*. Die Vorflügel werden ausgefahren, um dem Flugzeug bei geringer Geschwindigkeit Auftrieb zu geben. Werden die Spoiler aufgestellt *(unten rechts)*, drückt die Luftströmung den Flügel nach unten, wobei sich der Luftwiderstand erhöht und der Auftrieb verringert.

Kaum zu erkennen ist der zehnteilige Vorflügel, der bei Start und Landung betätigt wird.

Obere und untere Flügelverkleidung bestehen aus riesigen, geformten Metallpaneelen.

In den Flügeln sind Versteifungen, die die Treibstofftanks aufnehmen.

Versteifungen

Holme

Zwei Spoiler pro Flügel werden am Boden aufgestellt, um den Auftrieb zu verringern und das Flugzeug abzubremsen.

Einer der Hydraulik-Antriebe für die Spoiler

19

Im Cockpit

Bereits 1970 waren die Flugzeug-Cockpits mit so vielen Instrumenten und Schaltern vollgestopft, dass man nur schwer den Überblick behalten konnte. Das änderte sich mit dem neuen Cockpit *(rechts)*. Das Cockpit eines modernen Airbus 340 besitzt nur sechs große Bildschirme, auf denen der Pilot *(links)* und der Kopilot *(rechts)* alle Informationen ablesen können. Der Pilot fliegt mit Hilfe von Pedalen und einem Steuerknüppel für eine Hand. Unterhalb der Seitenfenster befindet sich je ein Steuerhebel zur Lenkung des Flugzeugs am Boden. An der Decke sind die Kontrollanzeigen für Treibstoff, Hydraulik, elektrische Systeme, Kabinendruck, Klimaanlage, Enteisung, Reservesauerstoff und sonstige Systeme. Unter der Windschutzscheibe befinden sich die Kontrollen für den Autopiloten, der das Flugzeug automatisch auf dem Kurs hält, der ihm einprogrammiert wurde.

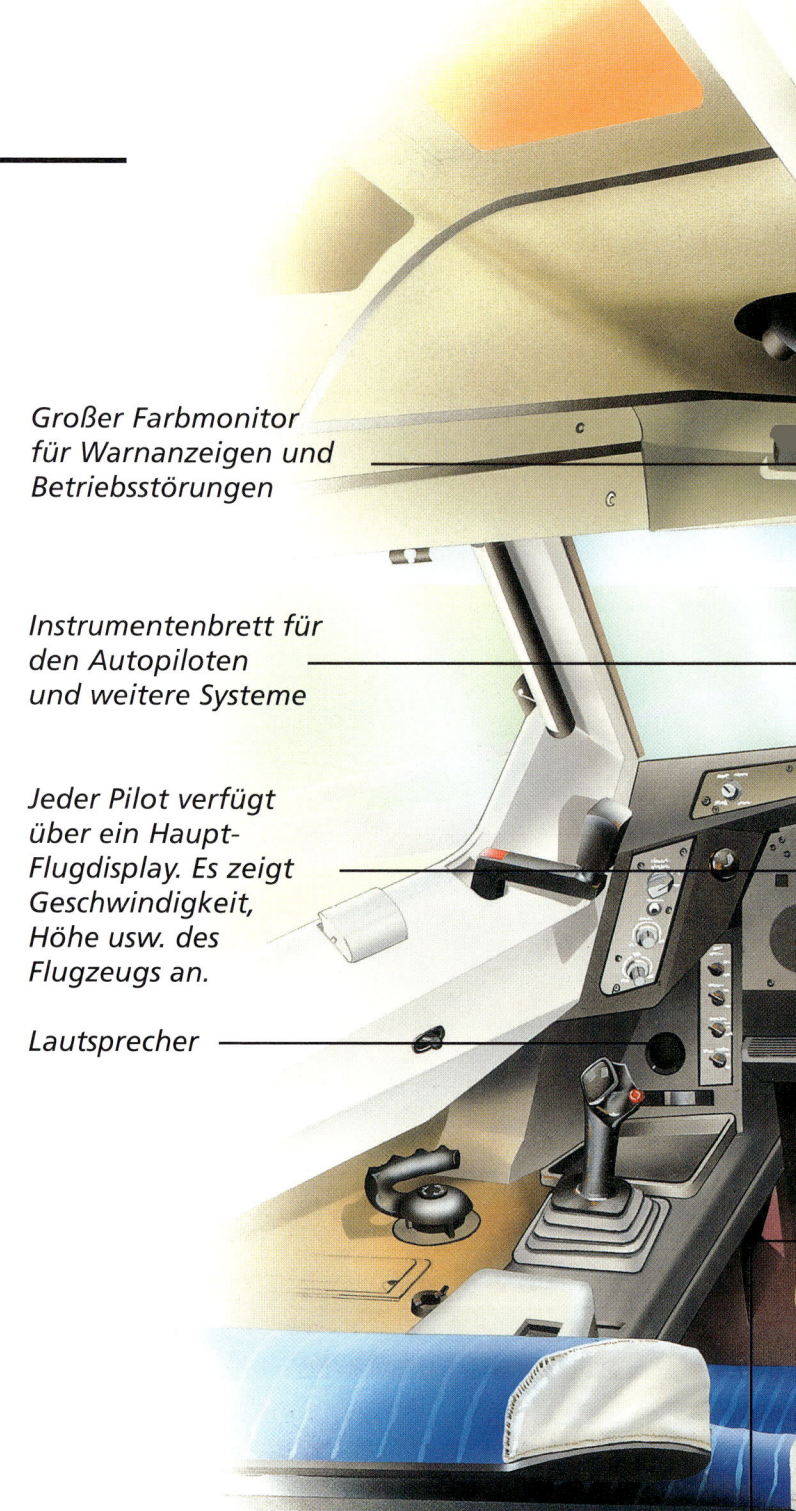

Großer Farbmonitor für Warnanzeigen und Betriebsstörungen

Instrumentenbrett für den Autopiloten und weitere Systeme

Jeder Pilot verfügt über ein Haupt-Flugdisplay. Es zeigt Geschwindigkeit, Höhe usw. des Flugzeugs an.

Lautsprecher

Pedale zur Betätigung der Ruder und zum Bremsen

Ein frühes Cockpit
So sah ein Cockpit vor 80 Jahren aus. Es gab nur wenige Instrumente. Vor dem Anlassen des Motors mussten zwei Zündschalter *(Mitte links)* betätigt werden. In der Mitte unten befand sich der Kompass.

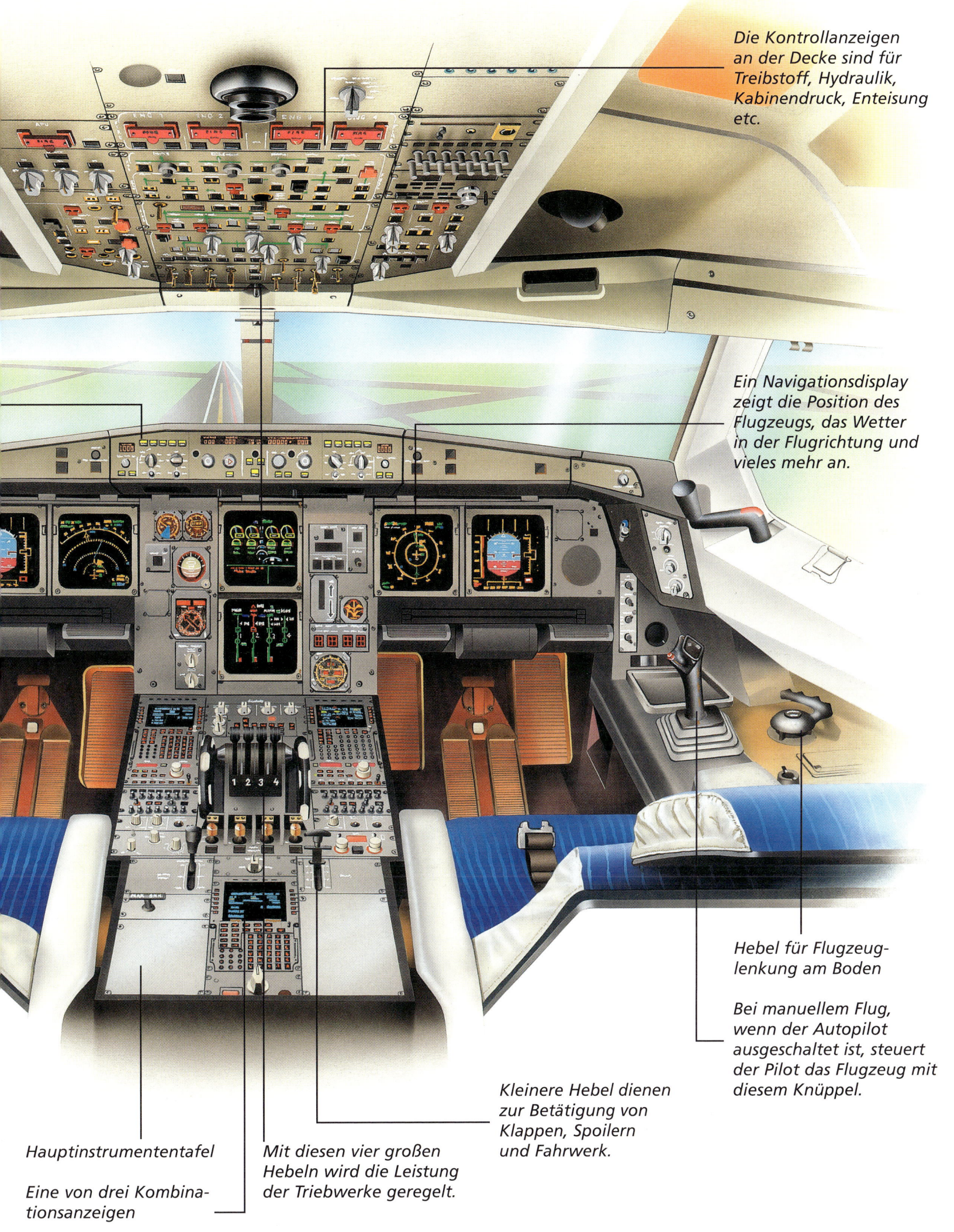

Die Kontrollanzeigen an der Decke sind für Treibstoff, Hydraulik, Kabinendruck, Enteisung etc.

Ein Navigationsdisplay zeigt die Position des Flugzeugs, das Wetter in der Flugrichtung und vieles mehr an.

Hebel für Flugzeuglenkung am Boden

Bei manuellem Flug, wenn der Autopilot ausgeschaltet ist, steuert der Pilot das Flugzeug mit diesem Knüppel.

Kleinere Hebel dienen zur Betätigung von Klappen, Spoilern und Fahrwerk.

Hauptinstrumententafel

Eine von drei Kombinationsanzeigen

Mit diesen vier großen Hebeln wird die Leistung der Triebwerke geregelt.

Bestandteile eines Flugzeugs

Nur sehr wenige Flugzeuge wie z. B. die B-2 der US Air Force sind nur fliegende Flügel ohne Rumpf. Die meisten haben einen Rumpf und ein Heck. Das Heck besteht normalerweise aus einer senkrechten Flosse, an der das Seitenruder befestigt ist, und der festen Höhenflosse mit den Höhenrudern. Moderne Kampfflugzeuge wie die F-16 Fighting Falcon (rechts) haben Heckflossen, die aus einem Stück bestehen. Sie haben die Funktion von Höhenrudern. Ein großer Teil der F-16 ist vollgepackt mit Elektronik, Treibstoff und dem gewaltigen Antrieb mit dem Luftkanal. Der Pilot sitzt bzw. liegt beinahe in einem schrägen Schleudersitz an der Spitze. Er hat fast eine Rundumsicht aus seiner Haube.

Die Teile für die F-16 werden in vielen verschiedenen Ländern produziert, und sie müssen am Ende perfekt zusammenpassen, wenn die F-16 montiert wird. Einige Teile werden durch Nieten, andere durch Schrauben oder Bolzen zusammengehalten. Die F-16 ist leistungsmäßig fast jedem anderen Flugzeug überlegen.

Dies ist die Steuerbord-Klappe. Sie dient als Klappe und als Querruder.

Der rechte (Steuerbord-) Flügel ist mit Treibstoff gefüllt.

In einem Notfall kann der Pilotensitz aus dem Flugzeug geschleudert werden.

Cockpit

Eine Luftsonde misst die Geschwindigkeit der F-16 in der Luft.

Die riesige Luftmenge, die für den Antrieb nötig ist, wird hier eingesaugt.

Der Luftkanal, der das Triebwerk versorgt, verläuft durch den Rumpf.

Vorderes Fahrwerk; es übernimmt auf dem Boden die Lenkung.

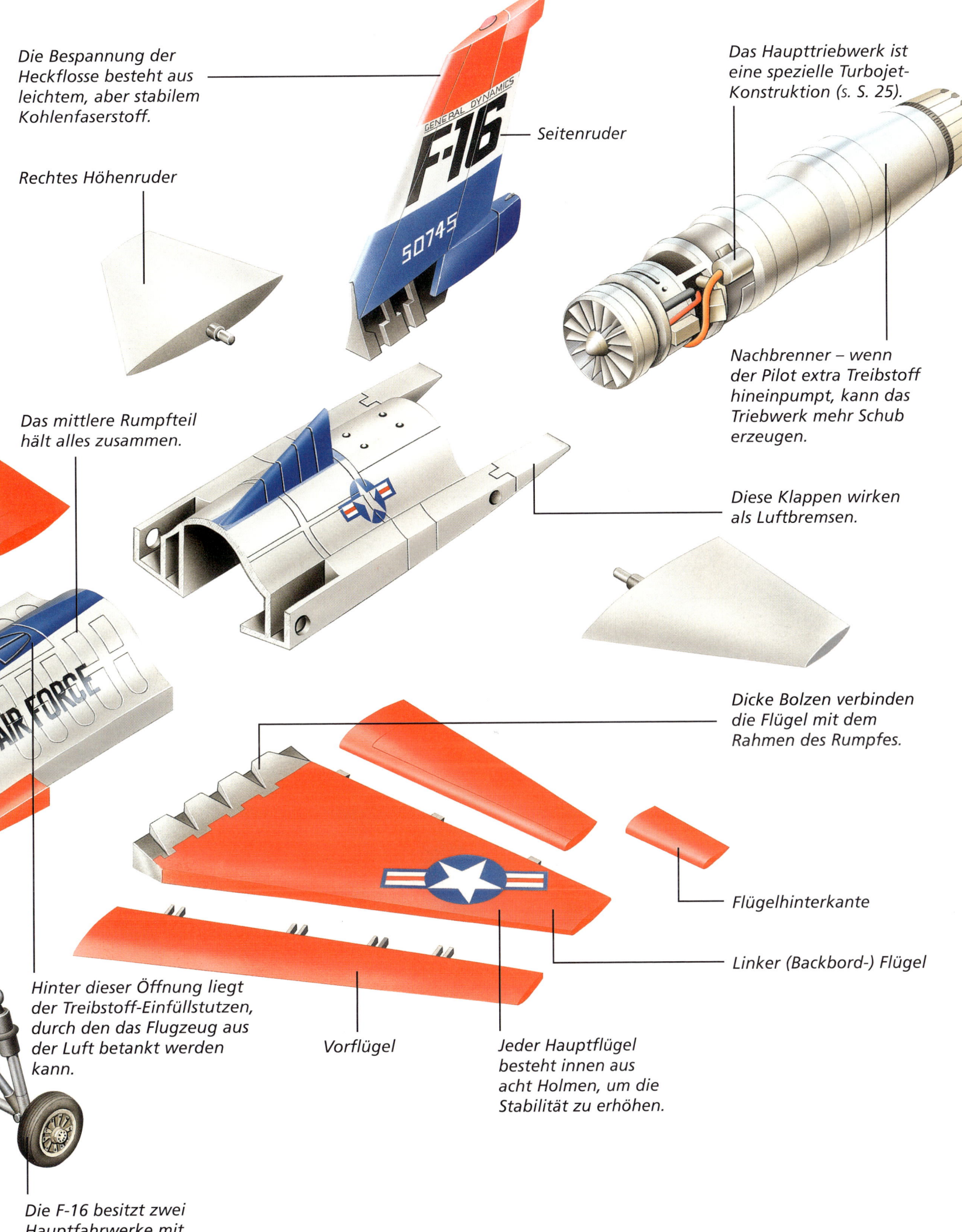

Die Bespannung der Heckflosse besteht aus leichtem, aber stabilem Kohlenfaserstoff.

Rechtes Höhenruder

Das mittlere Rumpfteil hält alles zusammen.

Seitenruder

Das Haupttriebwerk ist eine spezielle Turbojet-Konstruktion (s. S. 25).

Nachbrenner – wenn der Pilot extra Treibstoff hineinpumpt, kann das Triebwerk mehr Schub erzeugen.

Diese Klappen wirken als Luftbremsen.

Dicke Bolzen verbinden die Flügel mit dem Rahmen des Rumpfes.

Flügelhinterkante

Linker (Backbord-) Flügel

Hinter dieser Öffnung liegt der Treibstoff-Einfüllstutzen, durch den das Flugzeug aus der Luft betankt werden kann.

Vorflügel

Jeder Hauptflügel besteht innen aus acht Holmen, um die Stabilität zu erhöhen.

Die F-16 besitzt zwei Hauptfahrwerke mit je einem Rad.

23

Motorantrieb

Die ersten Flugzeuge wie z. B. die *Flyer* (s. S. 10) wurden von Propellern angetrieben. Ein Propeller zieht Luft von vorne an und drückt sie nach hinten. Dadurch wird der Propeller und mit ihm das Flugzeug nach vorne geschoben. Der Luftausstoß aus einem Propeller hat keine hohe Geschwindigkeit, sodass ein propellergetriebenes Flugzeug nicht schneller als etwa 700 km/h fliegen kann. Die modernen Flugzeuge werden anstelle von Propellern von Turbojet- oder Turbofan-Triebwerken angetrieben.

Der Schub des Propellers zieht das Flugzeug vorwärts.

Der Propeller wird über die Kurbelwelle angetrieben.

Pleuel verbinden die Kolben (die sich hin- und herbewegen) mit der Kurbelwelle (die rotiert).

Die Kolben in den vier Zylindern werden von einem explosionsartig verbrennenden Treibstoff-Luft-Gemisch angetrieben.

Der Ölradiator kühlt das Öl durch hindurchströmende Luft ab.

Kolbenmotoren

Propeller können von einem Kolbenmotor angetrieben werden, wie wir ihn von Autos kennen. Unten ist ein Kolbenmotor des Typs Continental O-240A abgebildet. Er wurde von Rolls-Royce hergestellt und wiegt 112 kg. Seine Leistung beträgt 130 PS (95 kW). In den vier Zylindern bewegen sich Kolben. Das verbrennende Treibstoff-Luft-Gemisch treibt die Kolben an, wodurch eine Kurbelwelle in Rotation versetzt wird. Diese wiederum treibt den Propeller an.

Das Kurbelgehäuse ist ein Behälter, der den Motor zusammenhält (hier ist es nur halb abgebildet, um das Motorinnere zu zeigen).

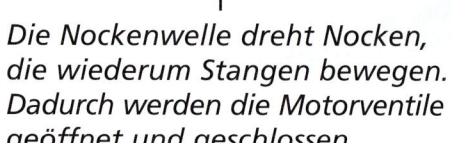

Die Nockenwelle dreht Nocken, die wiederum Stangen bewegen. Dadurch werden die Motorventile geöffnet und geschlossen.

Turboprop-Antrieb

Einige Propeller werden von einer Turbine angetrieben. Diese Antriebsart wird Turboprop genannt. Ein 350 kg schwerer Turboprop-Antrieb leistet etwa 2000 PS (1470 kW). Die Hauptwelle in einem Turboprop muss langsamer rotieren, was durch ein Getriebe erreicht wird. Kleine Flugzeuge für 50 bis 70 Passagiere werden von zwei Turboprops angetrieben.

Mit Hilfe einer Untersetzung wird die Rotationsgeschwindigkeit des Propellers auf ein Zehntel der Turbinendrehzahl herabgesetzt.

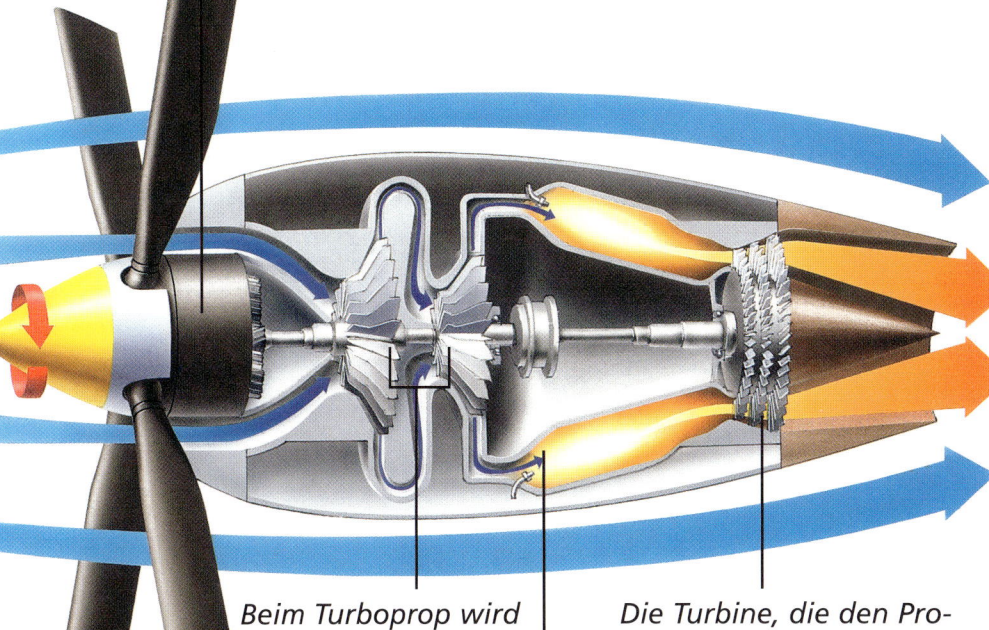

Beim Turboprop wird die einströmende Luft von Kompressoren zusammengepresst.

Die Turbine, die den Propeller bewegt, wird von heißem Gas angetrieben.

Treibstoffeinspritzung

Die Treibstoff-Luft-Mischung kommt durch dieses Rohr in den Motor.

Durch diese Öffnung werden die Verbrennungsgase ausgestoßen.

Turbojets

Ein anderer Gasturbinen-Typ, der Turbojet, wurde erstmals 1937 eingesetzt. Flugzeuge mit Turbojet-Antrieb benötigen keine Propeller. Sie werden durch den ausströmenden heißen Gasstrahl vorwärtsgetrieben.

Ein Strahl heißen Gases treibt das Flugzeug vorwärts.

Jeder Zylinder hat ein Einlassventil, durch das das Treibstoff-Luft-Gemisch einströmen kann.

Kompressoren

Die einströmende Luft wird komprimiert und in die Brennkammer geleitet.

Die komprimierte Luft wird durch den verbrennenden Treibstoff erhitzt.

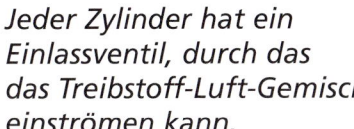

Düsentriebwerke

Ein Düsen- oder Strahltriebwerk treibt ein Flugzeug mit gewaltiger Kraft vorwärts. Vorn wird Luft angesaugt, anschließend komprimiert und mit Hilfe von verbrennendem Treibstoff in der Brennkammer erhitzt. Dann wird die Luft mit extrem hoher Geschwindigkeit hinten ausgestoßen. Dieser heiße Luftstrom, der Düsenstrahl, erzeugt einen Schub in die Gegenrichtung *(siehe unten)* und treibt so das Flugzeug vorwärts.

Heute werden die meisten großen Flugzeuge von Turbofan-Triebwerken angetrieben, die leiser und weniger heiß sind als die früheren Triebwerke. Die Luft wird hier von einem riesigen Gebläse angesaugt, das vorne rotiert. Ein Teil der Luft strömt durch das Triebwerk, die meiste Luft, der Sekundärluftstrom, jedoch daran vorbei. Dabei wird er sehr hoch beschleunigt. Auch so wird ein Schub erzeugt.

Düsenstrahlen

Düsentriebwerke funktionieren nach dem Prinzip des Düsenstrahls. Ein Flugzeug wird infolge der mit hoher Geschwindigkeit nach hinten ausgestoßenen Luft vorwärtsgetrieben. Man kann sich das leicht mit einem aufgeblasenen Luftballon verdeutlichen. Solange er verschlossen ist, ist der Luftdruck in alle Richtungen gleich, und der Ballon bleibt ruhig. Sobald man ihn aber öffnet, entweicht die darin komprimierte Luft durch die Öffnung mit großer Geschwindigkeit. Der Luftdruck wirkt nicht mehr gleichmäßig, und der Luftballon fliegt nach vorne.

Befestigung des Triebwerks, z. B. der Flügel

Rotierende Schaufelblätter

Luft wird angesaugt.

Ein Gebläse treibt einen Teil der Luft außen um das Triebwerk, wodurch ein Schub entsteht.

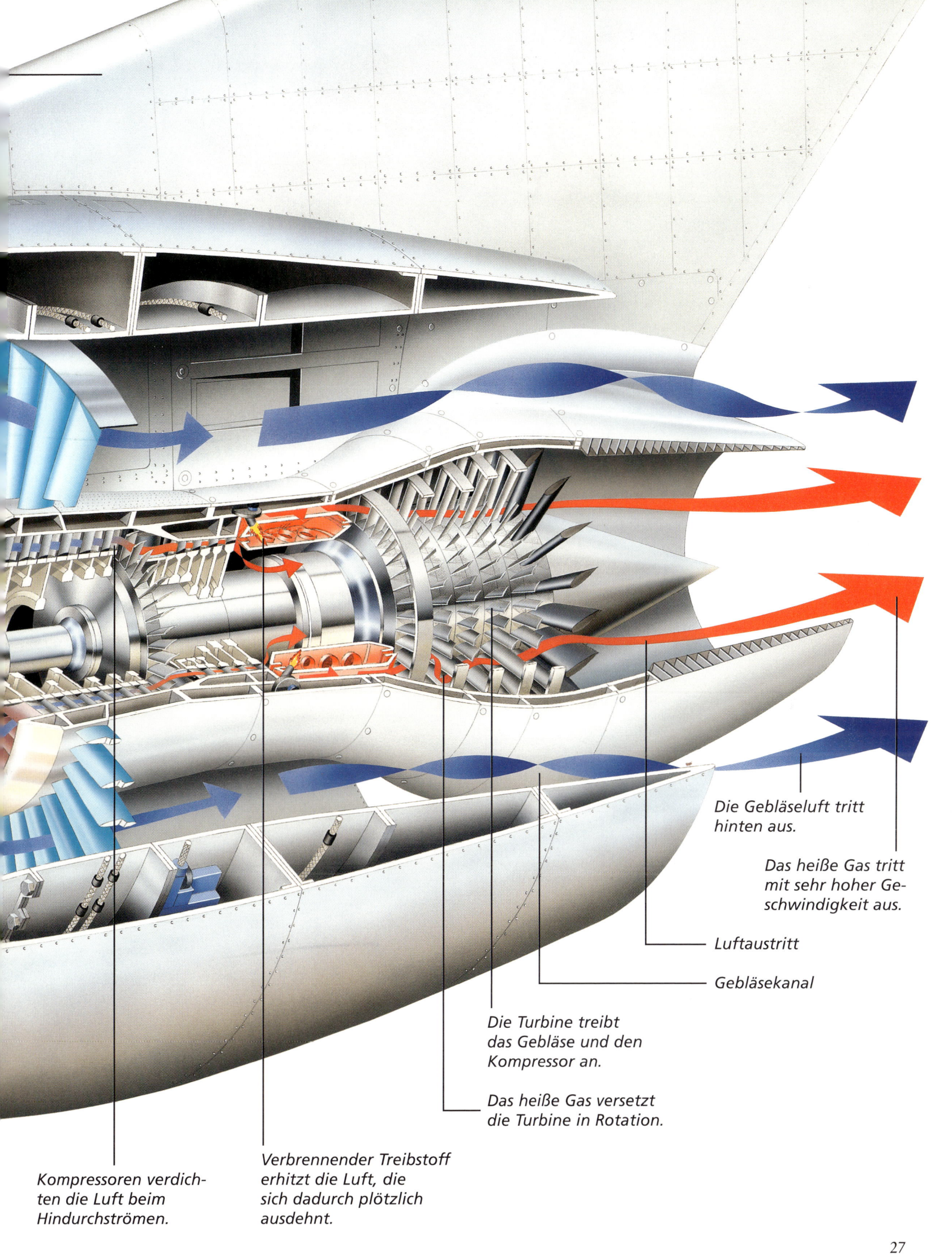

Die Gebläseluft tritt
hinten aus.

Das heiße Gas tritt
mit sehr hoher Ge-
schwindigkeit aus.

Luftaustritt

Gebläsekanal

Die Turbine treibt
das Gebläse und den
Kompressor an.

Das heiße Gas versetzt
die Turbine in Rotation.

Kompressoren verdich-
ten die Luft beim
Hindurchströmen.

Verbrennender Treibstoff
erhitzt die Luft, die
sich dadurch plötzlich
ausdehnt.

Hydraulik und Elektronik

Wie die meisten modernen Flugzeuge hat die Boeing 747-400 leistungsfähige elektronische und hydraulische Systeme, damit sie fliegen kann. Ihre gesamte Energie stammt von ihrem Treibstoff. Die vier Triebwerke, die den Treibstoff verbrennen, treiben Stromgeneratoren von je ca. 70 kW Leistung an. Zwei leistungsfähigere Generatoren werden von der Hilfsturbine angetrieben. Außerdem treibt jedes Triebwerk eine Hydraulik-Pumpe an. Vier weitere Pumpen werden von komprimierter Luft angetrieben. Sie pumpen eine spezielle Flüssigkeit durch vier hydraulische Systeme, durch die Fahrwerke, Klappen, Ruder, Bremsen etc. betätigt werden. Im Rumpf befinden sich die Systeme für den Kabinendruck und die Klimaanlage. Wenn das Flugzeug in großer Höhe fliegt, ist die Luft draußen sehr kalt und zu dünn zum Atmen, sodass die Kabine beheizt und unter höheren Luftdruck gesetzt werden muss.

Die Flügeltanks können maximal 175 Tonnen Treibstoff aufnehmen.

Hier wird Trinkwasser für die Passagiere in Form von Eis aufbewahrt.

Bugradar

Luftdichte Druck-Schutzwand

Die Bordküche benötigt Strom, um die Mahlzeiten für die Passagiere zu erwärmen.

Luft tritt durch spezielle Einlässe in die Klimaanlage ein.

Starke Scheinwerfer an der Vorderkante der Flügel werden vor der Landung eingeschaltet.

Hilfsaggregat

Die meisten modernen Passagierflugzeuge verfügen über ein Hilfsaggregat. Bei der Boeing 747 befindet es sich oben am Heck des Rumpfes. Es handelt sich um eine kleine Gasturbine, wie ein Mini-Triebwerk, die zwei elektrische Generatoren antreibt. Weiterhin erzeugt sie Druckluft, um die Haupttriebwerke zu starten, und für den Kabinendruck. Die Pfeile (rechts) zeigen, wo die Luft angesaugt wird und die heiße Abluft ausströmt.

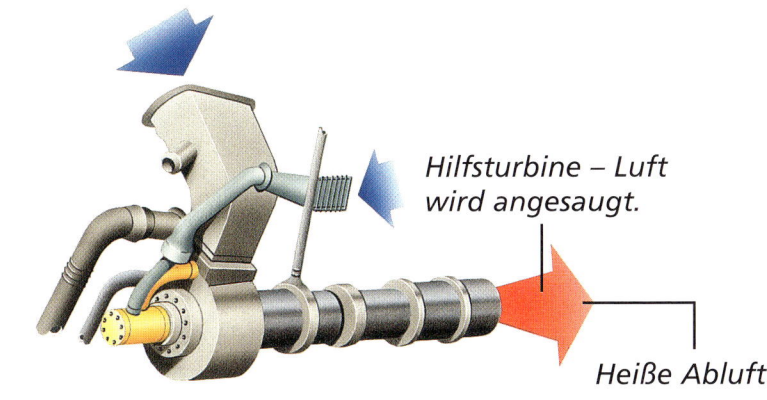

Hilfsturbine – Luft wird angesaugt.

Heiße Abluft

Das Flugzeug ist voller Elektronik. Im Heckleitwerk ist eine Funkantenne untergebracht.

Das Logo der australischen Fluggesellschaft Qantas ist das Känguru.

Die Kabine muss leicht unter Druck gesetzt werden, weil die Luft draußen in großer Höhe zu dünn zum Atmen ist.

Druck-Schutzwände sorgen dafür, dass der Kabinendruck erhalten bleibt.

Hilfsturbine

Die Höhenruder werden mit Hilfe einer leistungsfähigen Hydraulik betätigt.

Die Kabine muss sehr sorgfältig abgedichtet werden, damit der leichte Überdruck innen konstant bleibt.

Auch die Spoiler werden mit Hilfe einer Hydraulik betätigt, die der Pilot per Computer steuert.

Das Enteisungssystem sorgt dafür, dass die Mechanik nicht vereist.

Überall am Flugzeug befinden sich Rauchmelder und Feuerlöschsysteme.

Der Vorflügel ist beweglich, mit Hilfe einer Hydraulik.

Jedes der vier Triebwerke hat ein Gewicht von etwa fünf Tonnen.

Luftverkehrskontrolle

Der Flugzeugverkehr unterliegt strengen Regeln, die Zusammenstöße vermeiden sollen. Die großen Flugzeuge müssen sich an unsichtbare „Wege", die Luftstraßen, halten. Deshalb wird jede Flugbewegung mit Hilfe von Radar überwacht. Auf den Radarschirmen kann man sehen, um welches Flugzeug es sich handelt, welche Flughöhe es hat und wohin es fliegt. Jedes Flugzeug verfügt über ein eigenes Navigationssystem, das sich an Drehfunkfeuern auf dem Boden orientiert. Wenn ein Flugzeug sein Ziel erreicht hat, muss es manchmal Warteschleifen ziehen, bis der Tower die Landebahn freigibt.

Das ILS

Das ILS (Instrumentenlandesystem) hilft Flugzeugen mit einem ILS-Empfänger an Bord, sicher zu landen, selbst bei tiefen Wolken und Nebel. Es besteht aus einem Landekurssender (für die Richtung des Landeanflugs) und einem Gleitwegsender (für die Neigung des Anflugs), deren Signale das landende Flugzeug empfängt.

Luftstraße

Flughafen

Start- bzw. Landebahn

Landekurs für eine mit Instrumentenlandesystem ausgerüstete Landebahn.

Haupteinflugzeichensender

Voreinflugzeichensender – hierdurch weiß der Pilot genau, wie hoch das Flugzeug beim Überfliegen dieses Punktes sein sollte.

Ein Flugzeug empfängt die beiden ILS-Signale und wird zum Landeanflug navigiert.

Das Signal des Landekurssenders ist vertikal polarisiert. Der Pilot weiß so, ob er sich mehr rechts oder links halten muss.

Das Signal des Gleitwegsenders ist horizontal polarisiert. Der Pilot weiß so, ob der Landeanflug im richtigen Neigungswinkel erfolgt.

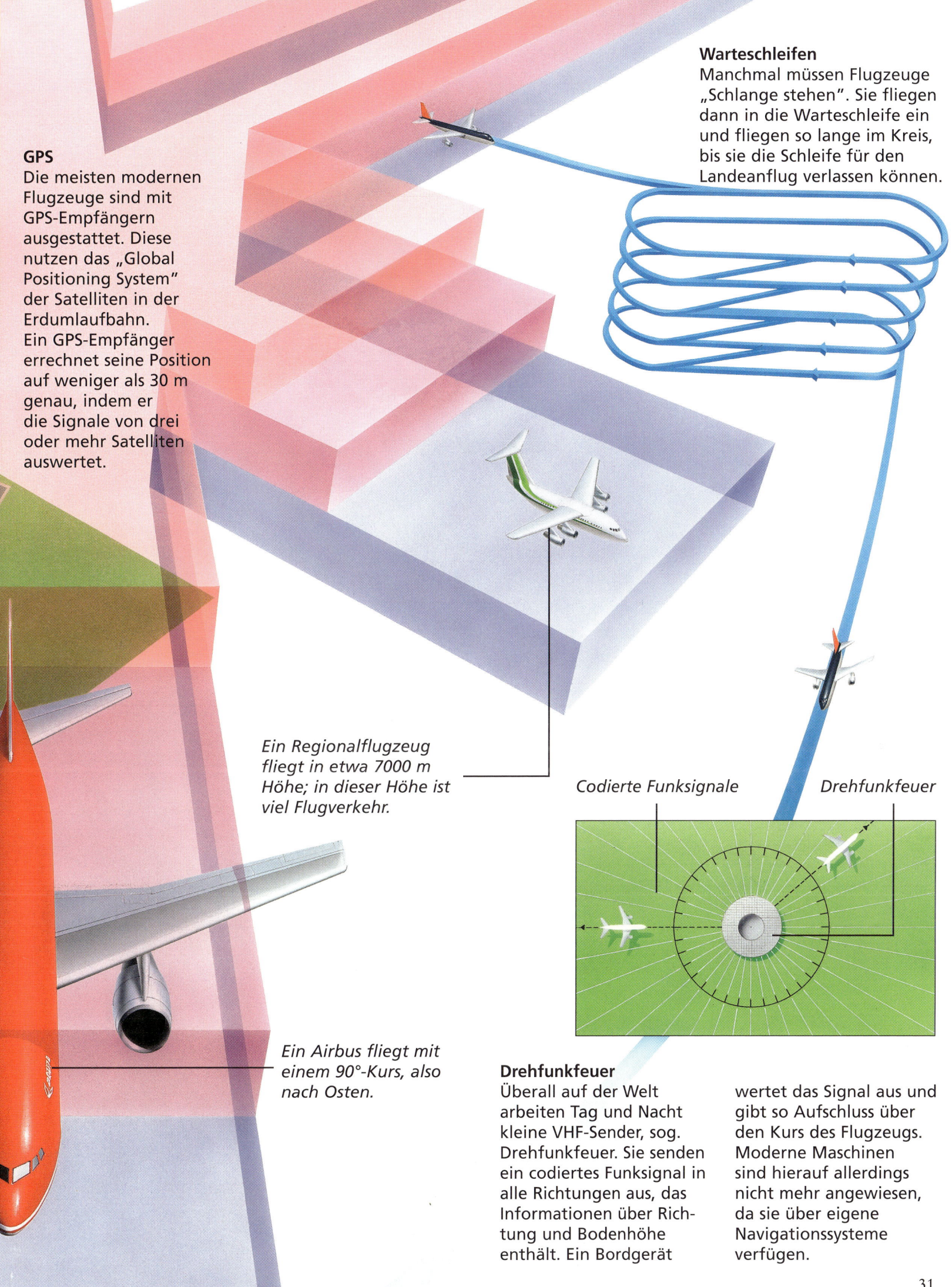

GPS
Die meisten modernen Flugzeuge sind mit GPS-Empfängern ausgestattet. Diese nutzen das „Global Positioning System" der Satelliten in der Erdumlaufbahn. Ein GPS-Empfänger errechnet seine Position auf weniger als 30 m genau, indem er die Signale von drei oder mehr Satelliten auswertet.

Warteschleifen
Manchmal müssen Flugzeuge „Schlange stehen". Sie fliegen dann in die Warteschleife ein und fliegen so lange im Kreis, bis sie die Schleife für den Landeanflug verlassen können.

Ein Regionalflugzeug fliegt in etwa 7000 m Höhe; in dieser Höhe ist viel Flugverkehr.

Codierte Funksignale

Drehfunkfeuer

Ein Airbus fliegt mit einem 90°-Kurs, also nach Osten.

Drehfunkfeuer
Überall auf der Welt arbeiten Tag und Nacht kleine VHF-Sender, sog. Drehfunkfeuer. Sie senden ein codiertes Funksignal in alle Richtungen aus, das Informationen über Richtung und Bodenhöhe enthält. Ein Bordgerät wertet das Signal aus und gibt so Aufschluss über den Kurs des Flugzeugs. Moderne Maschinen sind hierauf allerdings nicht mehr angewiesen, da sie über eigene Navigationssysteme verfügen.

31

Radar

Beim Radar werden Funkwellen sehr hoher Frequenz benutzt, um Objekte in großer Entfernung, selbst bei Nacht oder durch Wolken, zu orten. Große Radarstationen am Boden beobachten die Bewegungen aller Flugzeuge bis zu 160 Kilometer weit in alle Richtungen. Die meisten größeren Flugzeuge verfügen über eigenes Radar. Die Hauptantenne befindet sich in der Nase und ist wie ein Autoscheinwerfer nach vorne gerichtet. Ein Passagierflugzeug ortet mit Hilfe des Radars Gebirge oder andere Flugzeuge, denen ausgewichen werden muss, besonders aber Sturmgebiete und Wolkenfelder, die das Flugzeug schütteln und die Passagiere luftkrank machen können. Der Pilot kann solchen Turbulenzen sogar nachts ausweichen. Kampfflugzeuge haben oft auch ein Heckradar, um den Piloten vor feindlichen Flugzeugen von hinten zu warnen. Es gibt auch spezielle Radarsysteme in Flugzeugen, die in großer Höhe fliegen, welche ein genaues Bild des Bodens unten zeichnen.

Bugradar vorne im Flugzeug

Radarstrahlen werden von dieser Antenne ausgesendet und empfangen.

Flugzeugradar
Normalerweise befindet sich das Radar im Bug und ist nach vorne gerichtet, wie auf dieser Abbildung zu sehen ist. Dadurch ist der Pilot in der Lage, sich über das Wettergeschehen in seiner Flugrichtung zu informieren.

Mit einem Radarstrahl wird der Luftbereich vor dem Flugzeug gecheckt.

Der Jet ist auf dem Radarschirm des Bodenradars zu sehen; er taucht dort als weißer Punkt auf dem Bildschirm auf.

Radar-Höhenmessung

Herkömmliche Höhenmesser messen die Luftdichte, die mit der Höhe abnimmt. Sie können jedoch nicht feststellen, ob ein in 300 m Höhe fliegendes Flugzeug einen 600 m hohen Berg vor sich hat. Ein Radar-Höhenmesser misst nicht nur die Entfernung zum Boden sehr exakt, sondern ortet auch Geländeerhebungen in der Flugbahn.

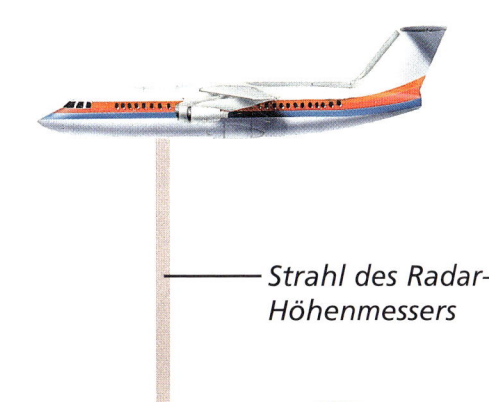

— *Strahl des Radar-Höhenmessers*

Radar-Höhenmesser mit Analog-Anzeige

Ohne Radar wüsste der Pilot nicht einmal bei Tageslicht, ob in einem Wolkenfeld gefährliche Turbulenzen auftreten.

Radarbilder

Das linke Bild zeigt eine schwere Turbulenz in einem Wolkenfeld auf dem Radarschirm (rote Felder). Auf dem rechten Bild ist die Bodenstruktur wie z. B. Hügel und Küsten zu sehen.

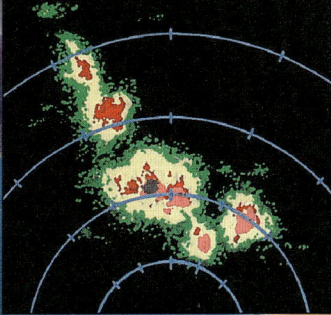

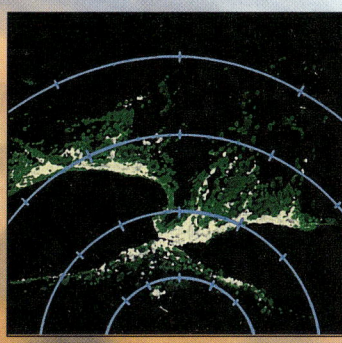

33

Überschallflugzeuge

Der Schall breitet sich in der Luft mit einer Geschwindigkeit von ca. 1225 km/h aus. 1947 flog der Amerikaner „Chuck" Yeager das erste Flugzeug, das schneller als der Schall fliegen konnte. Solche Flugzeuge nennt man Überschallflugzeuge. 1959 machte die X-15 ihren ersten Flug. Von einem Raketentriebwerk angetrieben und mit nur einem Mann an Bord schoss sie hoch und erreichte dabei eine Geschwindigkeit von 7297 km/h, fast die siebenfache Schallgeschwindigkeit. 1969 war die erste Concorde fertig gestellt, das erste Überschall-Passagierflugzeug. Das war in mancher Hinsicht bedeutender als die X-15, weil die Concorde ohne Raketen starten und hundert Passagiere mit zweifacher Schallgeschwindigkeit befördern konnte.

Unterschallflug
Die Zeichnung oben zeigt eine Concorde bei einem Unterschallflug. Die Schallwellen breiten sich wie Wasserwellen auf einem Teich aus; die Wellen vor dem Flugzeug wandern vor dem Flugzeug her. Dies ist bei allen Unterschall-Flugzeugen der Fall.

Diese Schallwellen stammen vom Lärm der Flugzeugtriebwerke.

Im luftleeren Raum lenkte der Pilot die X-15 mit kleinen Korrektur-Raketen.

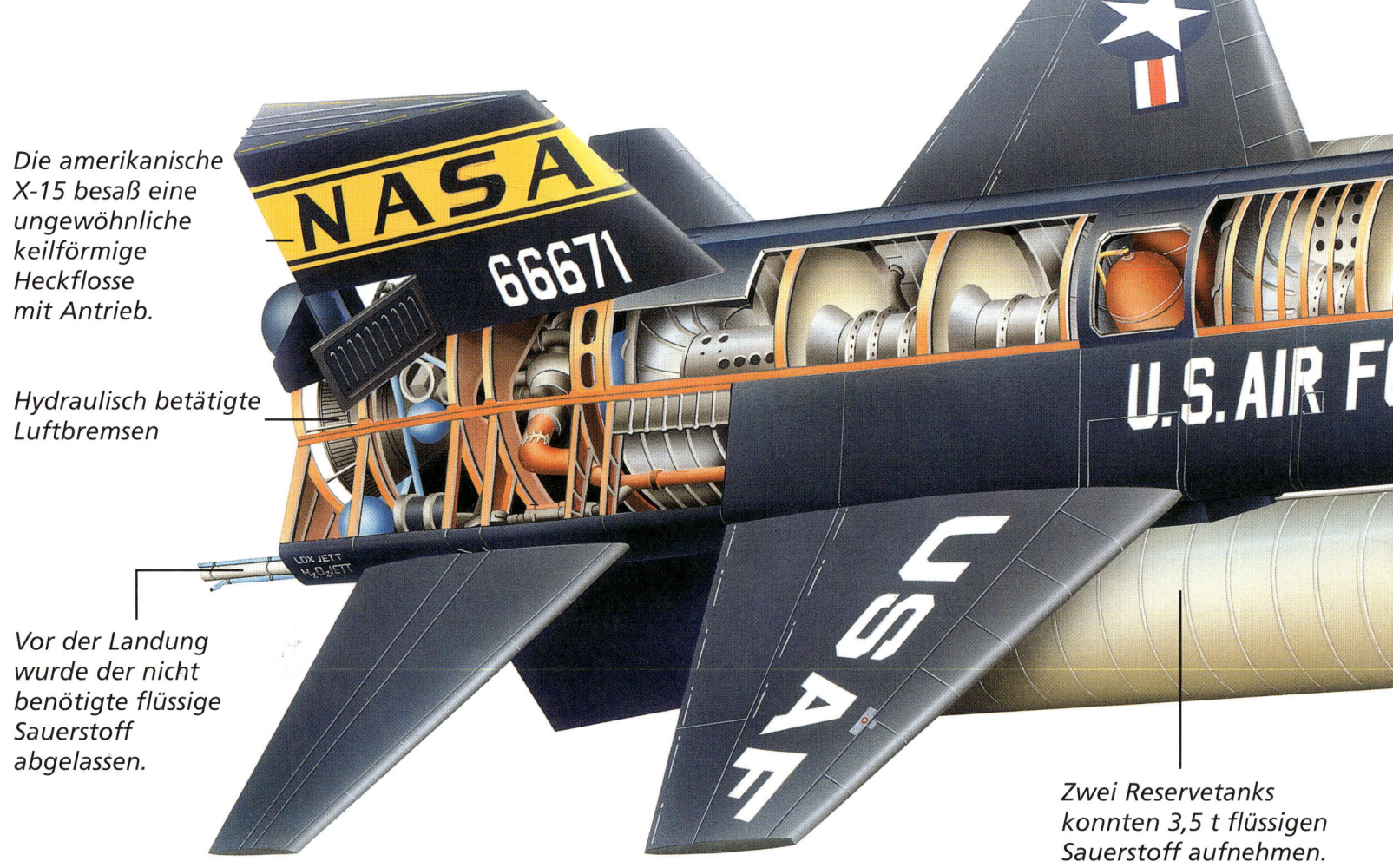

Die amerikanische X-15 besaß eine ungewöhnliche keilförmige Heckflosse mit Antrieb.

Hydraulisch betätigte Luftbremsen

Vor der Landung wurde der nicht benötigte flüssige Sauerstoff abgelassen.

Zwei Reservetanks konnten 3,5 t flüssigen Sauerstoff aufnehmen.

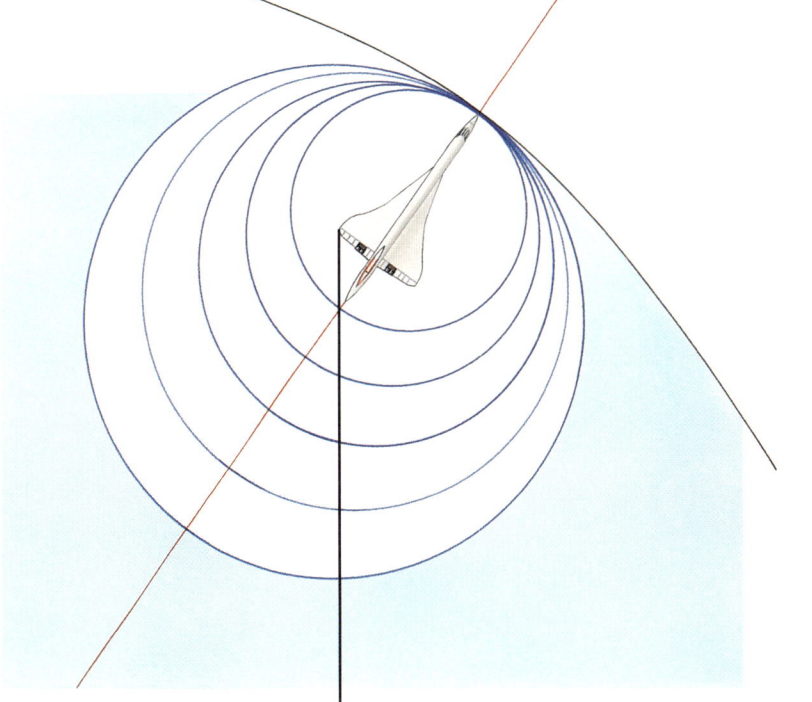

Überschallflugzeuge haben oft eine spitze Nase und gepfeilte Flügel.

Hier getanktes Ammoniak wurde mit dem flüssigen Sauerstoff gemischt und trieb das Raketentriebwerk an.

Bei Schallgeschwindigkeit
Die Abbildung oben zeigt eine Concorde, die genau mit Schallgeschwindigkeit (Mach 1) fliegt. Die Schallwellen werden am Flugzeugbug zusammengedrückt, weil sich das Flugzeug mit genau derselben Geschwindigkeit bewegt wie die Schallwellen.

Mach 2
Normalerweise flog die Concorde mit Mach 2, der doppelten Schallgeschwindigkeit. Die Schallwellen breiten sich vom Flugzeug mit derselben Geschwindigkeit aus wie vorher, aber die Concorde ist viel schneller – sie fliegt dem Schall davon. Dies erfordert eine spezielle Flügelform, sonst wäre das Flugzeug nicht zu steuern.

Der Schall eines Überschallflugzeugs bildet einen Kegel nach hinten.

Die Nase wurde beim Flug bis zur Weißglut erhitzt.

Die X-15 hatte nur ein Radpaar am Bug, das beim Flug eingezogen wurde.

Die X-15 bestand aus einer speziellen Nickel-Legierung, die selbst bei Weißglut stabil bleibt.

Die Treibstofftanks wurden mit Fallschirmen abgeworfen, sodass man sie wiederverwenden konnte.

Senkrechtstarter

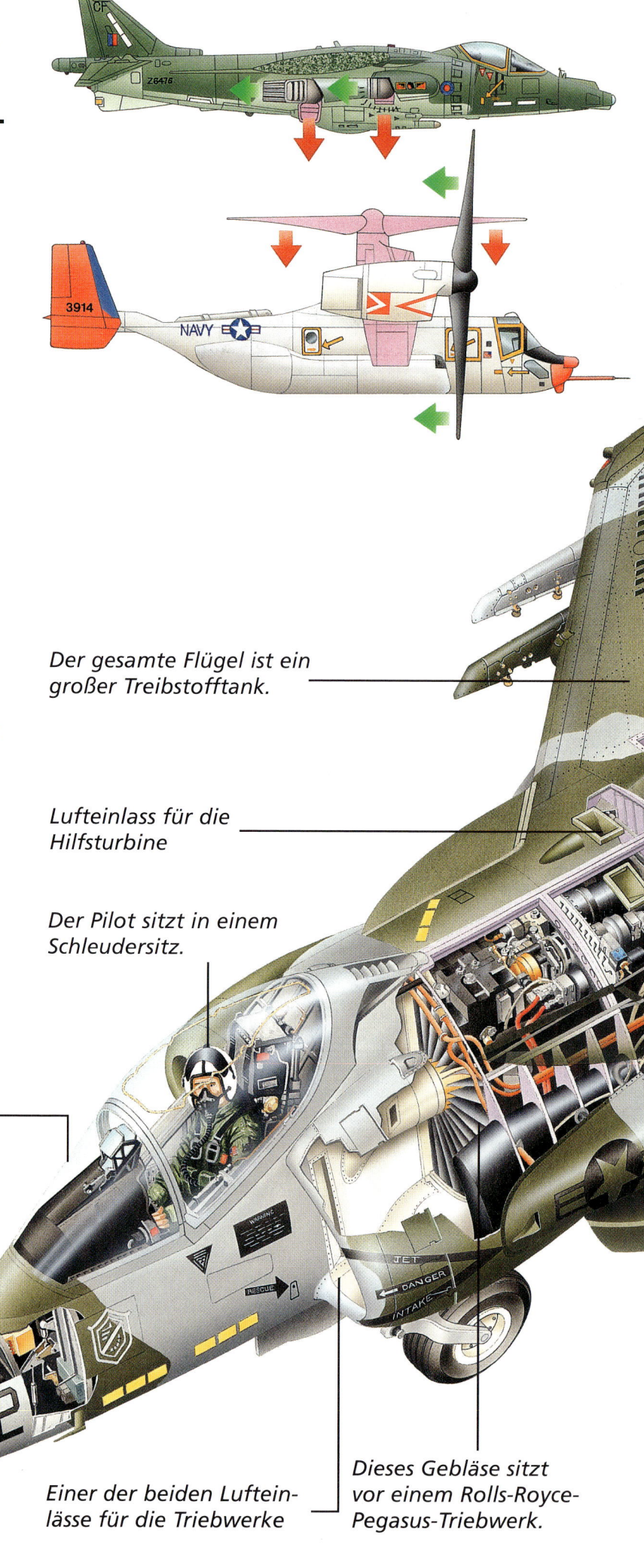

Diese Flugzeuge können an Ort und Stelle starten und landen. Zum Abheben benötigen herkömmliche Flugzeuge eine hohe Geschwindigkeit und daher eine lange Startbahn, bis ihre Flügel einen Auftrieb erzeugen, der größer ist als das Gewicht des Flugzeugs. Bis 1960 konnten nur Hubschrauber auf einem kleinen Platz starten und landen; sie waren sehr langsam. 1960 entwickelten britische Ingenieure ein kleines Flugzeug mit einem Spezial-Strahltriebwerk mit zwei Düsen auf jeder Seite. Diese Düsen waren schwenkbar, sodass man sie auch auf den Boden richten konnte, um das Flugzeug abheben zu lassen. Dann wurden sie nach hinten geschwenkt und trieben das Flugzeug mit hoher Geschwindigkeit vorwärts. Daraus wurde das einzigartige Harrier-Kampfflugzeug entwickelt, das am Boden aus der Luft kaum zu zerstören ist, weil man es gut verstecken kann.

Der gesamte Flügel ist ein großer Treibstofftank.

Lufteinlass für die Hilfsturbine

Der Pilot sitzt in einem Schleudersitz.

Die Windschutzscheibe muss stabil genug sein, um bei 800 km/h einen Zusammenstoß mit einem Vogel aushalten zu können.

Die Nase der Harrier steckt voller Flugzeug-Elektronik.

Einer der beiden Lufteinlässe für die Triebwerke

Dieses Gebläse sitzt vor einem Rolls-Royce-Pegasus-Triebwerk.

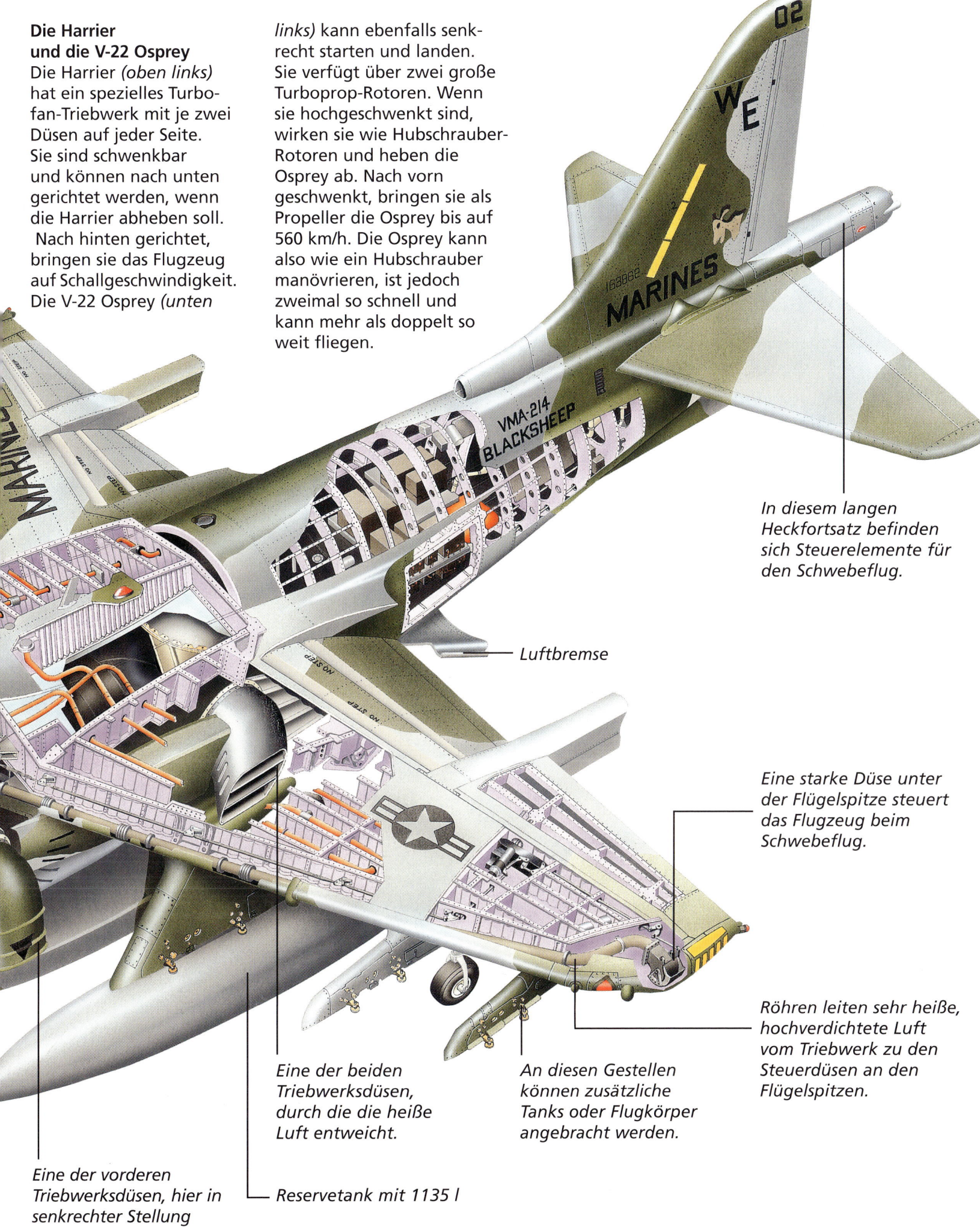

**Die Harrier
und die V-22 Osprey**
Die Harrier *(oben links)*
hat ein spezielles Turbo-
fan-Triebwerk mit je zwei
Düsen auf jeder Seite.
Sie sind schwenkbar
und können nach unten
gerichtet werden, wenn
die Harrier abheben soll.
Nach hinten gerichtet,
bringen sie das Flugzeug
auf Schallgeschwindigkeit.
Die V-22 Osprey *(unten*

links) kann ebenfalls senkrecht starten und landen.
Sie verfügt über zwei große
Turboprop-Rotoren. Wenn
sie hochgeschwenkt sind,
wirken sie wie Hubschrauber-
Rotoren und heben die
Osprey ab. Nach vorn
geschwenkt, bringen sie als
Propeller die Osprey bis auf
560 km/h. Die Osprey kann
also wie ein Hubschrauber
manövrieren, ist jedoch
zweimal so schnell und
kann mehr als doppelt so
weit fliegen.

*In diesem langen
Heckfortsatz befinden
sich Steuerelemente für
den Schwebeflug.*

Luftbremse

*Eine starke Düse unter
der Flügelspitze steuert
das Flugzeug beim
Schwebeflug.*

*Röhren leiten sehr heiße,
hochverdichtete Luft
vom Triebwerk zu den
Steuerdüsen an den
Flügelspitzen.*

*Eine der beiden
Triebwerksdüsen,
durch die die heiße
Luft entweicht.*

*An diesen Gestellen
können zusätzliche
Tanks oder Flugkörper
angebracht werden.*

*Eine der vorderen
Triebwerksdüsen, hier in
senkrechter Stellung*

Reservetank mit 1135 l

Ultraleichtflugzeuge

Schon seit 1920 versuchte man,
leichte Flugzeuge zu konstruieren,
die so beliebt wie Autos werden
sollten. Um 1960 wurde eine neue
Flügelkonstruktion entwickelt, der Rogallo,
mit dem man Hängegleiter bauen konnte.
Der Flügel war gepfeilt, mit der Spitze nach
vorn. Ein leichtes Gestell aus Metallröhren
wurde daran befestigt, das eine Person tragen
konnte. Bald wurde das Drachenfliegen
große Mode. Aus diesen Gleitern wurden
dann leichte Flugzeuge entwickelt, bei denen
der Pilot in einem kleinen Gestell saß, den
Antriebsmotor hinter sich. Einige dieser
Ultraleichtflugzeuge haben Rogallo-Flügel,
doch die meisten haben einfache Flügel
wie auf dieser Abbildung. Ein modernes
Ultraleichtflugzeug besteht aus einem
Flügel und einem dreiradähnlichen Gestell.
Manche sind hubschrauberähnlich, mit einem
Rotor anstelle eines Flügels, der von der
vorbeiströmenden Luft in Rotation versetzt
wird. Ultraleichtflugzeuge erreichen eine
Geschwindigkeit bis zu 100 km/h.

Ultraleichthubschrauber
Das oben abgebildete
Modell ist ein Wallis WA
116 für Ausstellungen
und Filmaufnahmen.
Der Pilot sitzt in einem
stromlinienförmigen
Gehäuse mit offenem
Cockpit. Helm und Schutz-
brille sind nötig, weil der
Antriebspropeller das WA
116 auf bis zu 160 km/h
bringen kann. Die Luft-
strömung versetzt den
Rotor in Rotation, sodass
ein Auftrieb erzeugt wird.
Die Maschine ist so kurs-
stabil, dass der Pilot ohne
Festhalten der Steuerung
seinen Kurs halten
kann.

*Die Propellerblätter
bestehen normaler-
weise aus Holz.*

*Aluminiumstäbe geben
dem Flügel die Form.*

*Um die Form zu halten,
ist die Vorderkante
meist mit Kunststoff
verstärkt.*

*Der Flügel muss breit
sein, um die Last ab-
heben zu können.*

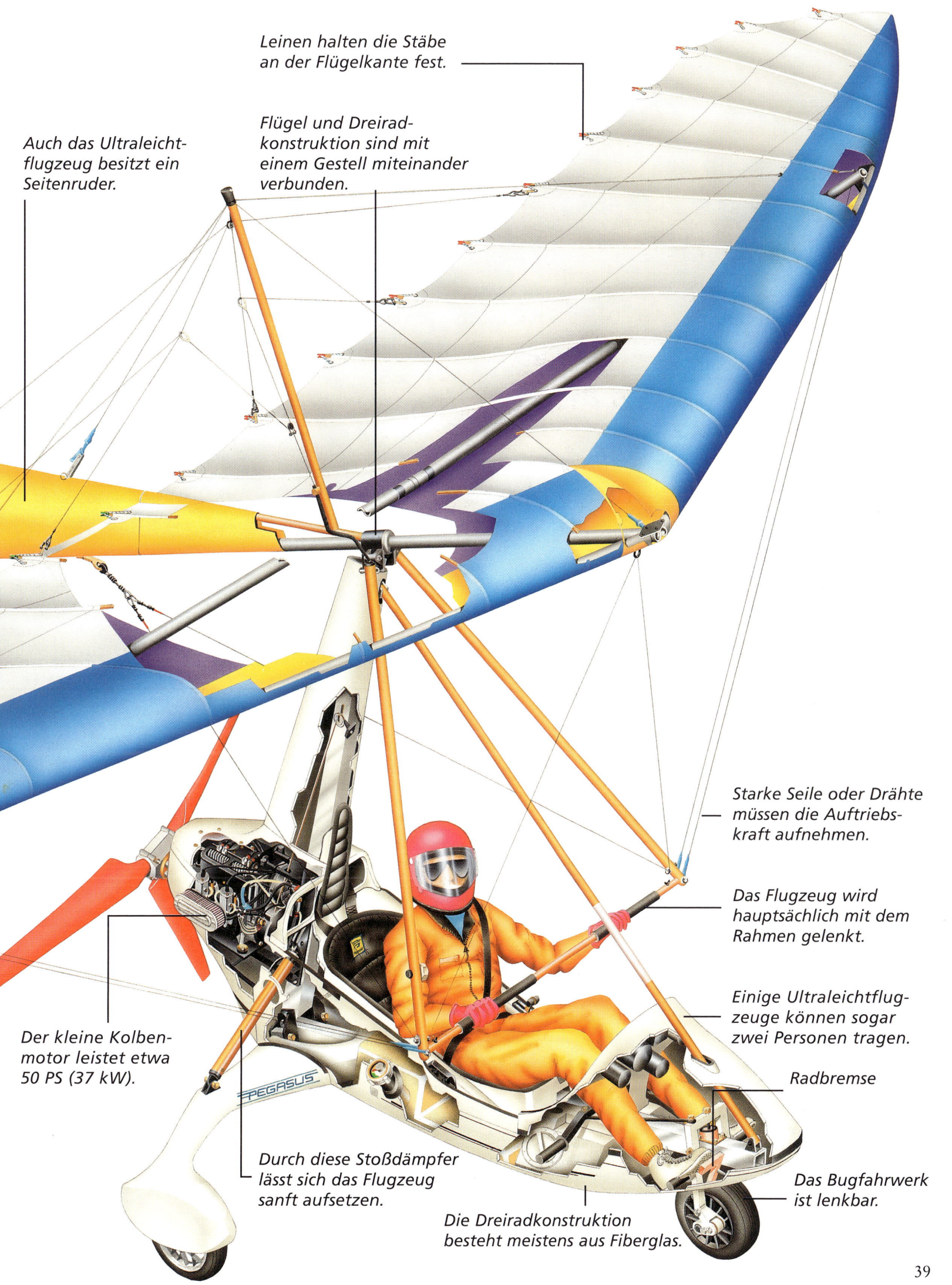

Leinen halten die Stäbe an der Flügelkante fest.

Flügel und Dreirad-konstruktion sind mit einem Gestell miteinander verbunden.

Auch das Ultraleicht-flugzeug besitzt ein Seitenruder.

Starke Seile oder Drähte müssen die Auftriebs-kraft aufnehmen.

Das Flugzeug wird hauptsächlich mit dem Rahmen gelenkt.

Einige Ultraleichtflug-zeuge können sogar zwei Personen tragen.

Der kleine Kolben-motor leistet etwa 50 PS (37 kW).

Radbremse

Durch diese Stoßdämpfer lässt sich das Flugzeug sanft aufsetzen.

Die Dreiradkonstruktion besteht meistens aus Fiberglas.

Das Bugfahrwerk ist lenkbar.

39

Fliegen mit Muskelkraft

Im Jahr 1960 wurde das erste durch Menschenkraft angetriebene Flugzeug vorgestellt, und die Konstruktion wurde immer weiter verbessert. Dies wurde möglich durch leichte, aber sehr stabile Werkstoffe. Für ein Flugzeug dieser Art benutzt man Materialien wie Titan, Kohlenfaserstoffe, Fiberglas, sehr leichte Kunststoffschäume und -überzüge. Der Flügel muss eine große Spannweite haben, etwa 30 Meter von Spitze zu Spitze, aber sehr leicht sein. Der Pilot muss zum Abheben kräftig in die Pedale treten, um den großen, aber leichten Propeller anzutreiben. Für eine längere Flugstrecke muss man schon ein routinierter Fahrradfahrer sein. Die hier gezeigte *Daedalus* wurde etwa 110 Kilometer weit geflogen – eine Verdreifachung des bisherigen Rekords.

Ein winziges Windrad wird durch die Luftströmung angetrieben. Es treibt einen Geschwindigkeitsmesser an.

In einem kleinen Getriebe wird die Pedalkraft auf die Propellerwelle umgelenkt.

Eine Welle überträgt die Pedalkraft auf den Propeller.

Die Flügelvorderkante ist mit einer leichten Planke verstärkt.

Die schmalen Flügel sind mit einer transparenten Bespannung versehen.

Eine Umdrehung der Pedale entspricht eineinhalb Umdrehungen des Propellers.

Der Pilot verstellt den Propeller mit Hilfe eines Drahtzuges.

Der Pilot muss 75 Pedalumdrehungen pro Minute schaffen.

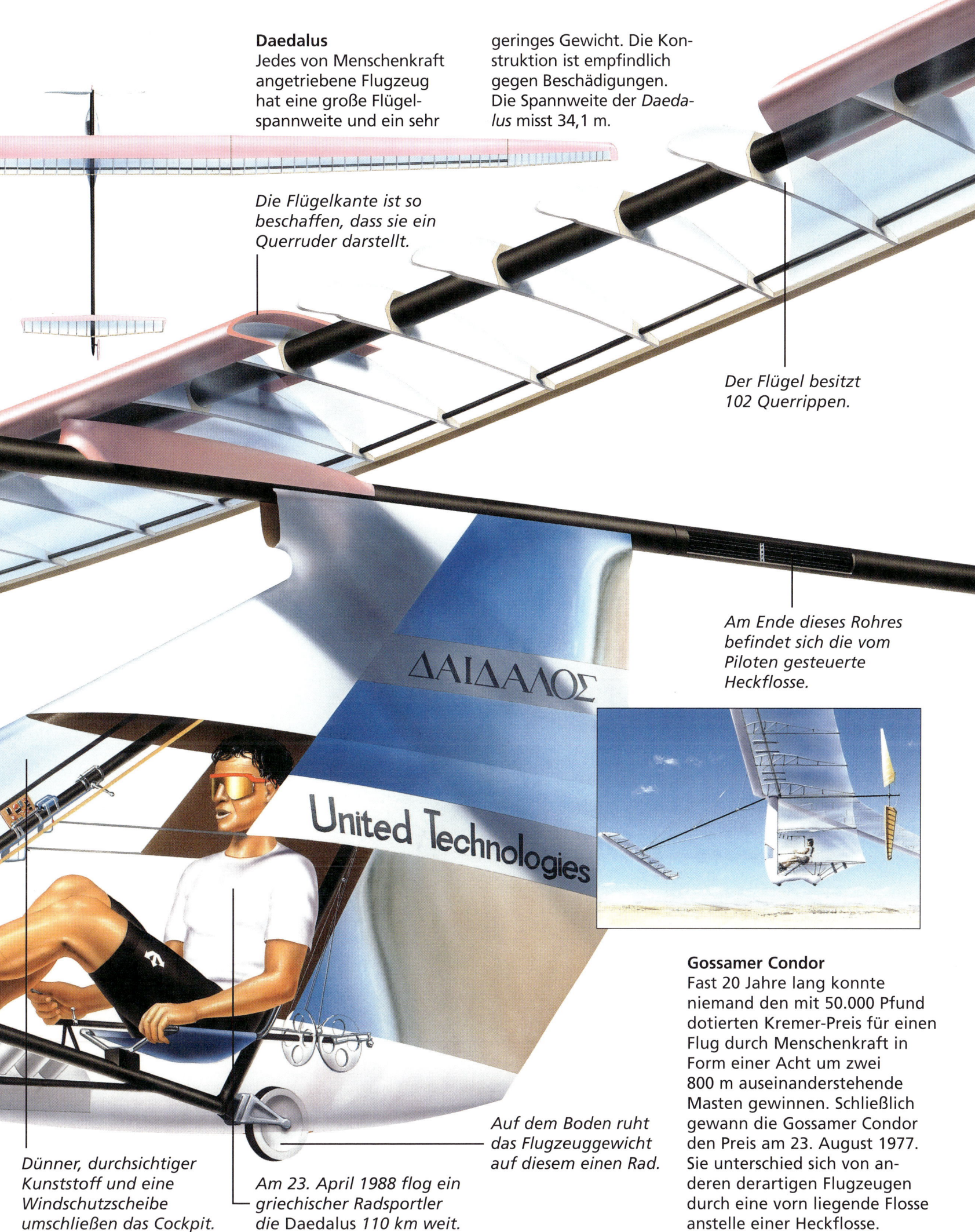

Daedalus

Jedes von Menschenkraft angetriebene Flugzeug hat eine große Flügelspannweite und ein sehr geringes Gewicht. Die Konstruktion ist empfindlich gegen Beschädigungen. Die Spannweite der *Daedalus* misst 34,1 m.

Die Flügelkante ist so beschaffen, dass sie ein Querruder darstellt.

Der Flügel besitzt 102 Querrippen.

Am Ende dieses Rohres befindet sich die vom Piloten gesteuerte Heckflosse.

ΔΑΙΔΑΛΟΣ

United Technologies

Dünner, durchsichtiger Kunststoff und eine Windschutzscheibe umschließen das Cockpit.

Am 23. April 1988 flog ein griechischer Radsportler die Daedalus 110 km weit.

Auf dem Boden ruht das Flugzeuggewicht auf diesem einen Rad.

Gossamer Condor

Fast 20 Jahre lang konnte niemand den mit 50.000 Pfund dotierten Kremer-Preis für einen Flug durch Menschenkraft in Form einer Acht um zwei 800 m auseinanderstehende Masten gewinnen. Schließlich gewann die Gossamer Condor den Preis am 23. August 1977. Sie unterschied sich von anderen derartigen Flugzeugen durch eine vorn liegende Flosse anstelle einer Heckflosse.

Hubschrauber

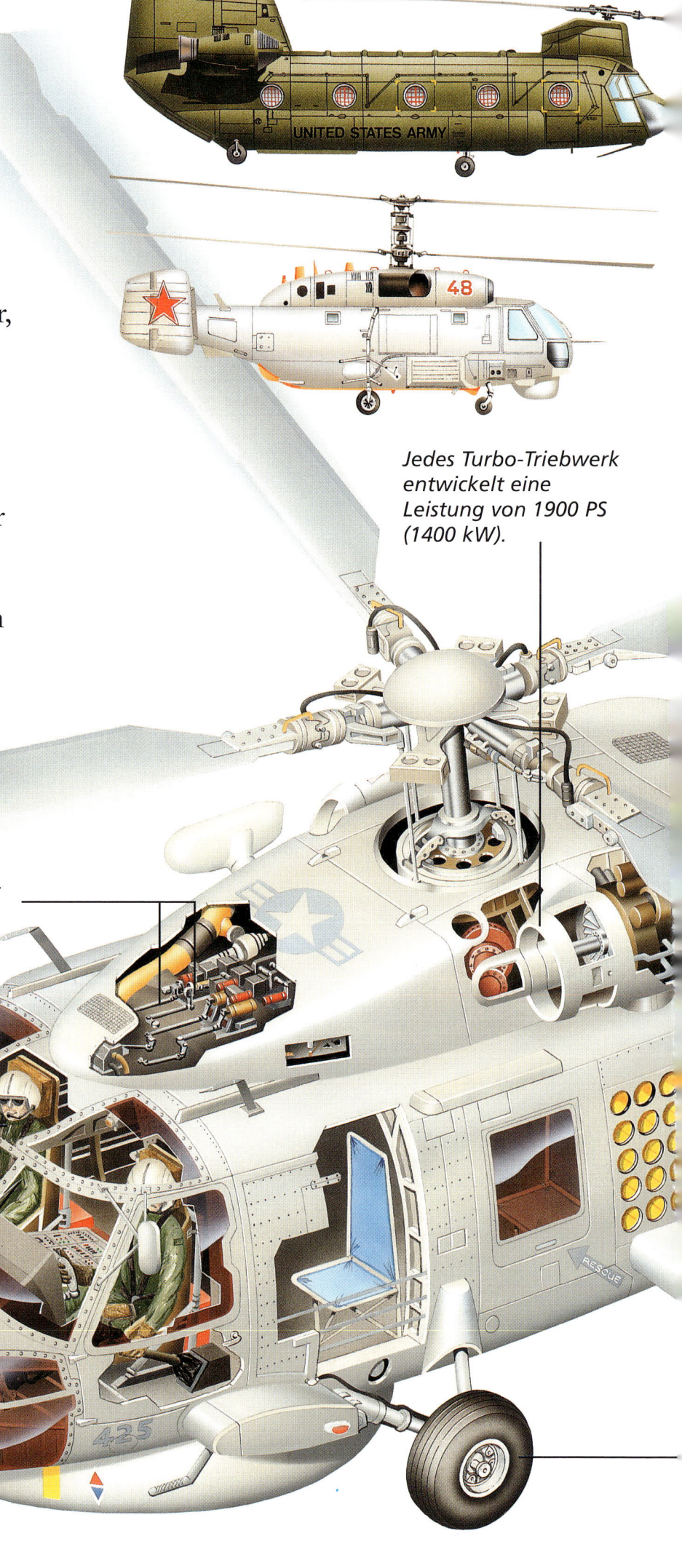

Hubschrauber scheinen keine Flügel zu haben. Tatsächlich besitzen sie lange, dünne Flügel, die schnell rotieren – einen Rotor. Der hier abgebildete Hubschrauber, der Sikorsky Seahawk der US-Navy, hat einen vierflügeligen Hauptrotor. Der Hubschrauber hebt mit Hilfe dieses Rotors ab und erhält beim Flug hiermit seinen Auftrieb. Ein senkrecht stehender Rotor am Heck drückt den Hubschrauber leicht seitwärts; sonst würde er durch den Hauptrotor selbst anfangen zu rotieren. Zwei starke Triebwerke treiben die beiden Rotoren an.

Jedes Turbo-Triebwerk entwickelt eine Leistung von 1900 PS (1400 kW).

Steuermechanismen verbinden das Cockpit mit den Rotoren.

Rückspiegel

Der Pilot sitzt rechts, neben ihm der Kopilot, der den Hubschrauber ebenfalls steuern kann.

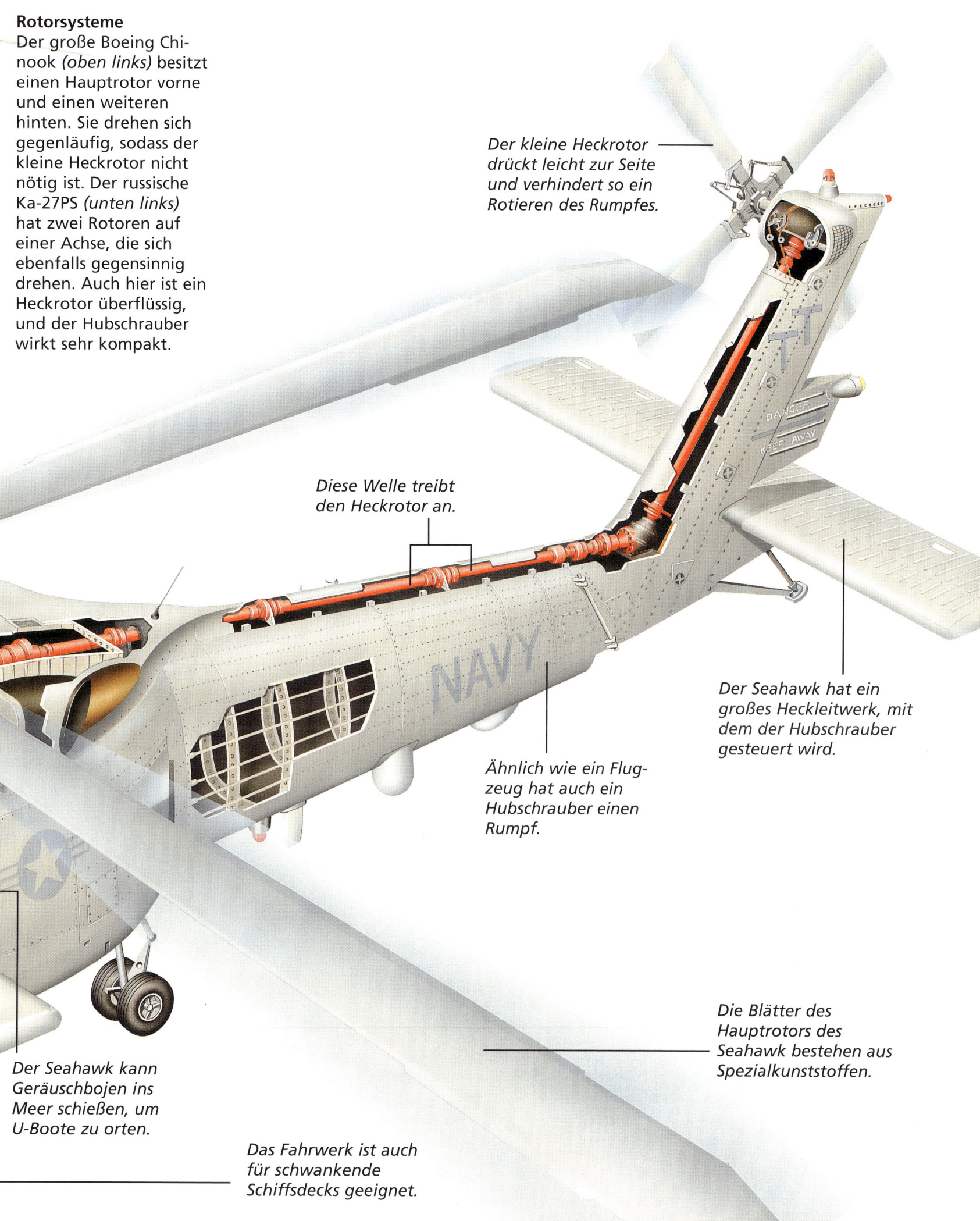

Rotorsysteme

Der große Boeing Chinook *(oben links)* besitzt einen Hauptrotor vorne und einen weiteren hinten. Sie drehen sich gegenläufig, sodass der kleine Heckrotor nicht nötig ist. Der russische Ka-27PS *(unten links)* hat zwei Rotoren auf einer Achse, die sich ebenfalls gegensinnig drehen. Auch hier ist ein Heckrotor überflüssig, und der Hubschrauber wirkt sehr kompakt.

Der kleine Heckrotor drückt leicht zur Seite und verhindert so ein Rotieren des Rumpfes.

Diese Welle treibt den Heckrotor an.

Der Seahawk hat ein großes Heckleitwerk, mit dem der Hubschrauber gesteuert wird.

Ähnlich wie ein Flugzeug hat auch ein Hubschrauber einen Rumpf.

Die Blätter des Hauptrotors des Seahawk bestehen aus Spezialkunststoffen.

Der Seahawk kann Geräuschbojen ins Meer schießen, um U-Boote zu orten.

Das Fahrwerk ist auch für schwankende Schiffsdecks geeignet.

Hubschrauberantrieb

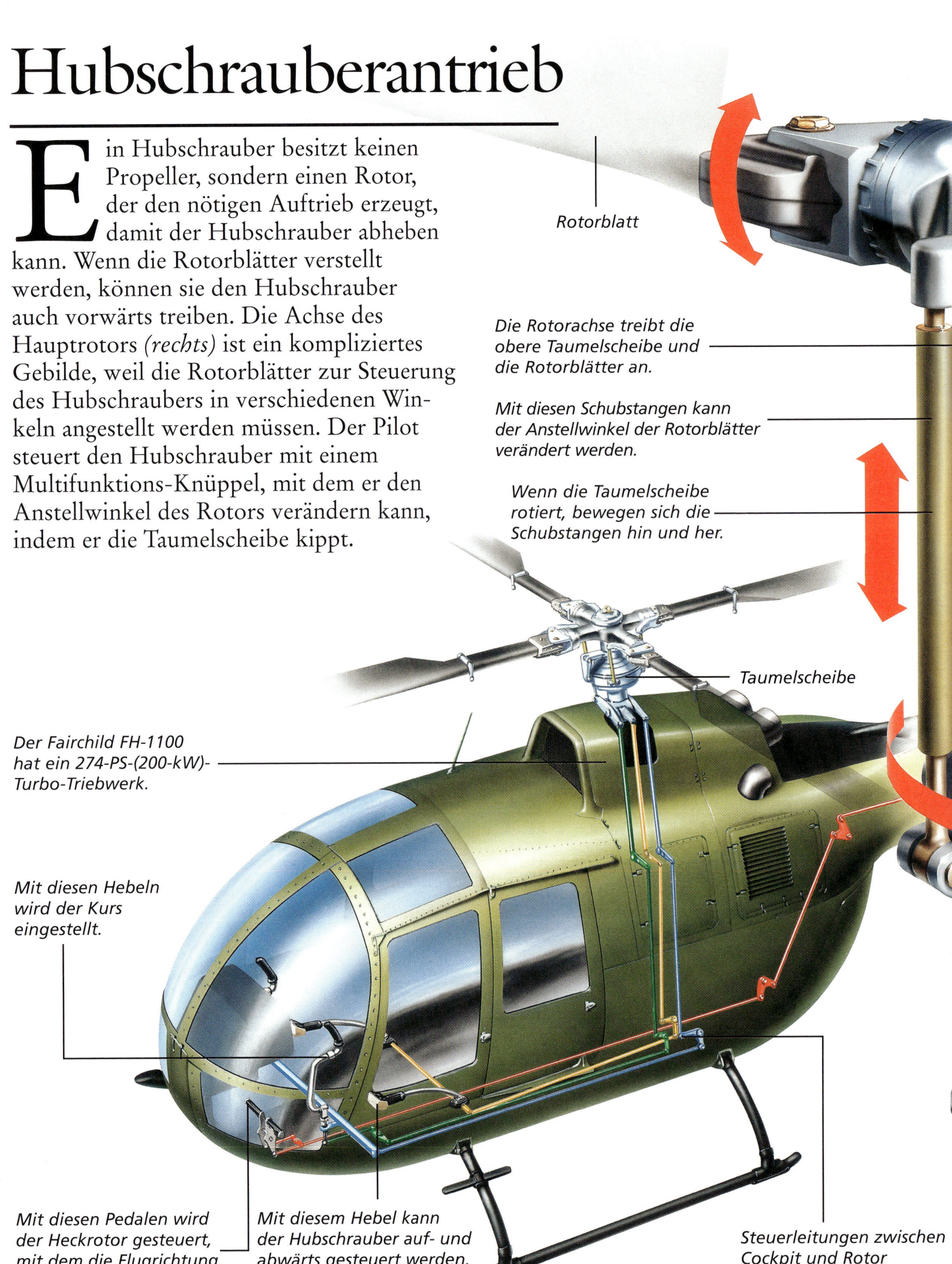

Ein Hubschrauber besitzt keinen Propeller, sondern einen Rotor, der den nötigen Auftrieb erzeugt, damit der Hubschrauber abheben kann. Wenn die Rotorblätter verstellt werden, können sie den Hubschrauber auch vorwärts treiben. Die Achse des Hauptrotors *(rechts)* ist ein kompliziertes Gebilde, weil die Rotorblätter zur Steuerung des Hubschraubers in verschiedenen Winkeln angestellt werden müssen. Der Pilot steuert den Hubschrauber mit einem Multifunktions-Knüppel, mit dem er den Anstellwinkel des Rotors verändern kann, indem er die Taumelscheibe kippt.

Rotorblatt

Die Rotorachse treibt die obere Taumelscheibe und die Rotorblätter an.

Mit diesen Schubstangen kann der Anstellwinkel der Rotorblätter verändert werden.

Wenn die Taumelscheibe rotiert, bewegen sich die Schubstangen hin und her.

Taumelscheibe

Der Fairchild FH-1100 hat ein 274-PS-(200-kW)-Turbo-Triebwerk.

Mit diesen Hebeln wird der Kurs eingestellt.

Mit diesen Pedalen wird der Heckrotor gesteuert, mit dem die Flugrichtung geändert werden kann.

Mit diesem Hebel kann der Hubschrauber auf- und abwärts gesteuert werden.

Steuerleitungen zwischen Cockpit und Rotor

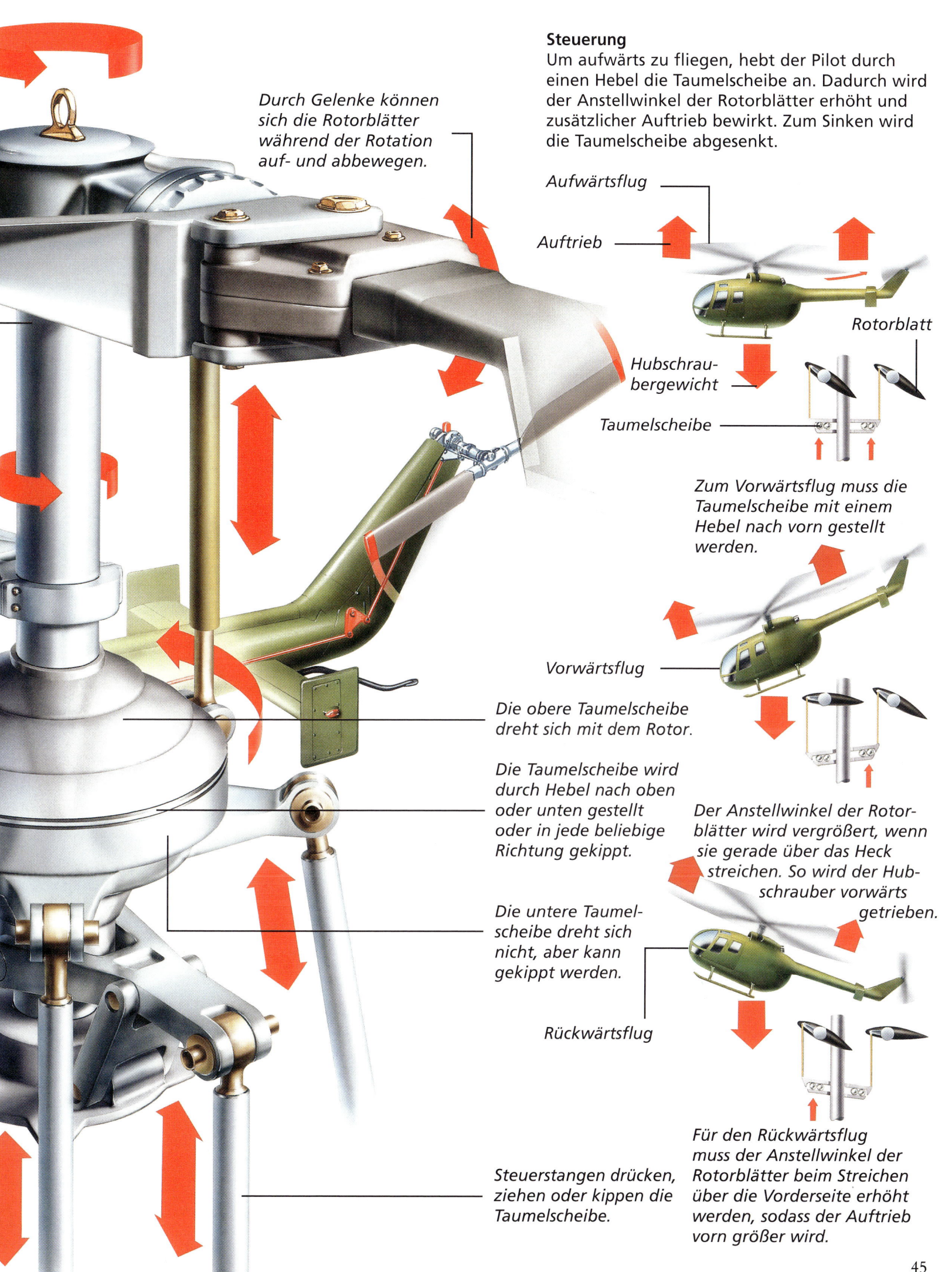

Durch Gelenke können sich die Rotorblätter während der Rotation auf- und abbewegen.

Steuerung

Um aufwärts zu fliegen, hebt der Pilot durch einen Hebel die Taumelscheibe an. Dadurch wird der Anstellwinkel der Rotorblätter erhöht und zusätzlicher Auftrieb bewirkt. Zum Sinken wird die Taumelscheibe abgesenkt.

Aufwärtsflug

Auftrieb

Rotorblatt

Hubschrau- bergewicht

Taumelscheibe

Zum Vorwärtsflug muss die Taumelscheibe mit einem Hebel nach vorn gestellt werden.

Die obere Taumelscheibe dreht sich mit dem Rotor.

Die Taumelscheibe wird durch Hebel nach oben oder unten gestellt oder in jede beliebige Richtung gekippt.

Vorwärtsflug

Der Anstellwinkel der Rotor- blätter wird vergrößert, wenn sie gerade über das Heck streichen. So wird der Hub- schrauber vorwärts getrieben.

Die untere Taumel- scheibe dreht sich nicht, aber kann gekippt werden.

Rückwärtsflug

Steuerstangen drücken, ziehen oder kippen die Taumelscheibe.

Für den Rückwärtsflug muss der Anstellwinkel der Rotorblätter beim Streichen über die Vorderseite erhöht werden, sodass der Auftrieb vorn größer wird.

Register